LE TAULIER

Olivier Maurel

Le taulier

Confessions d'un directeur de prison

Fayard

ISBN : 978-2-213-65502-4

AVANT-PROPOS

« Je suis directeur de prison ! » J'ai si souvent prononcé cette phrase a priori anodine, pour répondre à une interrogation non moins banale... Chaque fois, je me suis retrouvé devant un sourire gêné, un regard interrogateur ou un silence assourdissant. Leur surprise passée, en apprenant la manière atypique dont je sers l'État, mes interlocuteurs ont presque toujours posé la même question : « Et vous faites ça par vocation ? »

À dire vrai, le rêve de devenir un jour directeur d'établissement pénitentiaire n'a jamais bercé mon enfance. Aussi loin que je remonte dans mes souvenirs, j'ai toujours souhaité devenir chirurgien. Je voulais aider ceux qui s'étaient trouvés au mauvais moment au mauvais endroit, casser les hasards malencontreux ou les malchances persistantes. Je voulais permettre à des patients de jouir encore un peu de ces biens si fragiles et si précieux : la santé et la vie. Mais, en France, seuls les élèves doués en mathématiques peuvent accéder aux classes de lycée enseignant les sciences et préparant à l'entrée en faculté de médecine. Et, malgré tous mes efforts, je n'ai jamais réussi, au cours de ma scolarité, à obtenir des notes convenables dans cette matière. Il faut croire que la médecine n'était pas mon destin.

Une autre voie professionnelle, inattendue et passionnante, allait s'offrir à moi. Je ne voulais pas d'une vie fade et routinière. Après mes études universitaires, la médecine m'a presque rattrapé, car j'ai eu le choix entre devenir directeur d'hôpital et directeur d'établissement pénitentiaire. J'ai opté pour la pénitentiaire, qui m'ouvrait les portes d'une terre inconnue, piquant au vif ma curiosité et mon besoin de vivre une expérience hors du commun.

Grâce à ce choix, j'ai vite appris la LEM, la « loi des emmerdements maximum », qui veut que, dans la pénitentiaire, non seulement un problème n'arrive jamais seul, mais qu'il survienne sous une forme totalement inattendue et au moment le plus inopiné. En entrant dans l'administration pénitentiaire, on signe un pacte un peu étrange, puisqu'il nous impose de choisir les ennuis à la place de l'ennui. Nous ne rencontrons jamais de lassitude, mais toujours des problèmes, en quantité et sans relâche.

J'ai opté en toute connaissance de cause pour cette profession comme quelque 450 collègues directeurs des services pénitentiaires. Malgré cela, j'ai le sentiment de m'en sortir pas trop mal, voire très bien, tout simplement parce que j'aime mon métier. Un métier méconnu, difficile, psychiquement exigeant et qui peut parfois faire mal précisément là où l'on souffre le plus, à l'âme.

La prison : un univers atypique

Désignez ma profession comme bon vous semble : « taulier », « directeur de prison », « maton en chef »... Cela me renseignera juste sur le degré de connaissance que vous en avez. Mon titre exact est « directeur des services pénitentiaires », l'équivalent d'un commissaire dans la police nationale ou d'un officier dans l'armée. On a toujours l'impression que ce sont les policiers ou les gendarmes qui connaissent le mieux les délinquants et les truands... Foutaises ! Ils ne les côtoient que lors de la garde à vue, c'est-à-dire pendant quelques heures ou quelques jours, selon la gravité des faits commis, alors que, en prison, nous gardons les truands et les délinquants des mois ou des années durant, voire une éternité.

Le métier de directeur d'établissement pénitentiaire est passionnant, humainement enrichissant, mais difficile, parfois bien au-delà de ce que certains peuvent imaginer. Au cœur de ma profession : un univers hors norme, avec des rapports humains d'une complexité et d'une densité extrêmes. J'aurais pu faire dans le miel et les rondeurs de syntaxe, donner un faux air romantique et délicat à des réalités pénibles à voir ou à entendre. Mais les fonctionnaires pénitentiaires apprennent à se forger une armature psychique qui leur permet d'affronter un quotidien que bon nombre de personnes jugeraient déprimant, voire insupportable. Nous sommes des funambules en équilibre précaire, dans un monde clos où le facteur humain est à la base de tout. Le fil sur lequel nous devons avancer est tellement ténu qu'il nous est indispensable de l'étayer par une foi inébranlable dans ce que nous faisons, ainsi que dans les valeurs humaines et déontologiques qui sous-tendent notre action. Nous devons faire en sorte que le temps passé en prison soit le plus profitable et, au minimum, le moins inutile possible pour les détenus comme pour la société dans son ensemble. Nous devons agir au quotidien dans cette paradoxale conjonction d'intérêts : ceux des personnes détenues elles-mêmes et ceux de la société qui, par une décision judiciaire, les a placées sous main de justice.

Je n'ai aucunement l'intention de me cacher, dans ce témoignage, derrière une batterie de statistiques pour vous décrire l'univers atypique dans lequel j'évolue. Je ne souhaite pas non plus vous faire un cours de criminologie. En revanche, je vais vous raconter avec des détails parfois difficiles ou dérangeants le parcours qui m'a conduit jusqu'à l'administration pénitentiaire et ce qu'il m'a été donné de constater au sein des établissements où j'ai exercé.

Comment un jeune fonctionnaire ayant réussi le concours de directeur des services pénitentiaires se transforme-t-il personnellement et psychologiquement après vingt années passées à s'occuper des détenus ? Comment slalomer entre la routine quotidienne de la détention, les mesures de prévention de la récidive et de préparation à la réinsertion des détenus, leur ennui, la douleur résultant de leur incarcération, la souffrance psychologique, la solitude et parfois, hélas, la folie ?

Sur le fil du rasoir

Je n'ai pas d'états d'âme, car mon patron est l'État, une entité démocratique et républicaine dont mes concitoyens ont été libres d'élire le chef par le vote au suffrage universel, sans contrainte morale, sociale, religieuse ou autre. Si, comme directeur de prison, je n'existe pas socialement, cela signifie que la règle qui prévaut est la loi de la jungle, celle du plus fort et du plus violent. Je ne veux pas de cela, ni pour ma famille ni pour mon pays. Je suis pour la prison démocratique, laïque et républicaine.

On pourra toujours philosopher sur une justice à deux vitesses, témoignant de la clémence envers les riches et de la dureté envers les moins favorisés. Je me sens incapable de m'inscrire dans cette réflexion, car ma vision de la société n'a jamais été structurée selon un principe de lutte des classes. La prison est, en ce sens, un exemple extraordinaire. Un individu, qu'il soit riche ou pauvre au moment de son incarcération, va dans un premier temps être dénué de tout ce qu'il a l'habitude de posséder.

La prison, comme cadre de vie « extrême », met les individus à nu, face à eux-mêmes, dans une vérité crue et violente. Il n'existe pas de juste milieu dans cet environnement clos. Tout pénitentiaire vous dira qu'il travaille « sur le fil du rasoir », dans un univers de grande instabilité et d'équilibre fragile où un mot, un mauvais geste, un regard peuvent transformer un calme précaire en tempête, provoquer des drames humains aux conséquences extrêmes.

Une calculatrice cachée dans la poche-revolver

On ne peut pas diriger un ensemble de détenus en étant seulement muni de tableaux de bord statistiques ou, comme arme ultime, d'une calculatrice dissimulée dans la poche-revolver. Même si tout directeur de service administratif doit savoir mettre en œuvre efficacement une politique budgétaire, ce serait faire insulte à ma profession que de penser que cette seule capacité peut suffire à gérer une prison.

Dans l'exercice de leur mission, les directeurs d'établissement pénitentiaire possèdent une grande marge de manœuvre. Mais celle-ci reste très encadrée par un système hiérarchique qui donne des orientations stratégiques et contrôle leur bonne mise en pratique. Dans une administration organisée de façon pyramidale et au regard de notre rôle, comment pourrait-il en être autrement ? La société nous confie la charge de personnes condamnées ou en détention provisoire pour lesquelles toutes les institutions se sont révélées défaillantes – famille, école, religion, milieu socioprofessionnel. De là, le puissant rôle socialisant de la prison, qui est un des ultimes recours du corps social pour essayer de réadapter ces individus à la vie en société. Comme toute les « missions de la dernière chance », la mission pénitentiaire est difficile, périlleuse, ingrate, capricieuse, éprouvante, mais aussi surprenante et étonnamment stimulante. Elle est souvent décriée parce qu'on ne gagne pas à chaque coup. Nous devons gérer des échecs et remettre cent fois l'ouvrage sur le métier pour tenter de prévenir au mieux les récidives.

Des courtisans et des imposteurs tu te méfieras

À travers ces pages, je vais dévoiler une partie de « ma » vérité. Ma démarche est de livrer un témoignage professionnel et humain, totalement apolitique. Mon devoir de réserve m'impose une neutralité à laquelle je souscris entièrement. En conséquence, n'y cherchez pas de message politique ou socialement connoté. Ma vérité se trouve dans un juste milieu démocratique, citoyen autant que républicain. Quelques détenus ont écrit sur la prison à destination du grand public, mais peu de pénitentiaires l'ont fait. Il me semble important que les choses changent, d'autant que je n'ai pas écrit ce livre pour critiquer mon administration, mais plutôt pour expliquer comment et pourquoi je lui suis et lui resterai d'une loyauté sans faille.

Le respect des lois et règlements nationaux et européens que nous devons imposer aux détenus donne tout son sens à notre métier. Nous, professionnels de la prison, sommes fermement attachés à cette position déontologique et citoyenne. Le niveau d'exigence auquel la haute hiérarchie pénitentiaire doit soumettre ses directeurs d'établissement nous oblige envers elle à un certain devoir de vérité et de franchise, même et surtout lorsque les choses ne vont pas aussi bien qu'on le souhaiterait.

Ce témoignage aurait pu ou dû être fait avant moi, et, devant le feu des attaques et des critiques auquel sa publication va inévitablement m'exposer, j'ai longtemps hésité. Mais si je ne témoigne pas ou ne communique pas au sujet des détenus dangereux incarcérés, qui le fera ? Des ultras de tous bords, partisans du règne de la loi du plus fort ? Ces idées extrêmes s'accommodent mal des valeurs humaines qui sont nécessaires pour faire un bon directeur d'établissement pénitentiaire.

Notre but face à la haute hiérarchie pénitentiaire n'est pas d'essayer de plaire à défaut d'être compétents, ou bien d'arriver à « paraître » plutôt qu'à « être ». Dans les rapports humains que nous entretenons avec les détenus, les masques tombent d'emblée, et les bonimenteurs inexpérimentés ou les menteurs malhabiles révèlent leur vrai visage. Il existe au moins cette justice-là dans les prisons, celle de la nécessaire sincérité qui régit nos rapports avec les personnes incarcérées.

Quand la grande muette recommence à parler

En conscience, je n'ai pas choisi de décrire uniquement la vie en prison telle qu'elle y est vécue par la très grande majorité des détenus, ceux qui n'y passent que quelques mois. En décrivant la seule routine de la détention, on peut certes prouver qu'une espèce de normalité dans la vie carcérale existe. La vie en prison est faite d'étapes quotidiennes rituelles, comme le lever, la douche, les cours scolaires ou la formation professionnelle, les activités sportives, les prises de repas, le travail en atelier de production, les activités entre détenus, l'humour et la distraction, les situations parfois cocasses, inhabituelles ou décalées, l'ennui, la douleur et la dépression. Mais on n'écrit pas un témoignage professionnel pour évoquer ce qui va bien au sein de la banalité la plus ordinaire.

Je vous parlerai donc aussi des situations extrêmes que j'ai vécues dans les prisons où j'ai exercé, ainsi que de ces détenus qui constituent la minorité la plus médiatique, car la plus dangereuse, du système pénitentiaire français. C'est la difficulté à gérer cette frange-là de la population pénale qui met le mieux en relief un des rôles de la prison – un rôle de prévention de la récidive, de sûreté ou de sécurité publiques.

Dans ce récit, vous ne trouverez pas de noms de détenus actuellement incarcérés ou de fonctionnaires pénitentiaires, à l'exception de ceux qui sont morts en service et auxquels je voulais rendre hommage. Les véritables identités de certains ont été remplacées par de simples prénoms ou des initiales. Comme tout personnel pénitentiaire opérationnel, il est de mon devoir de respecter le secret de l'instruction des affaires non encore passées en jugement devant une juridiction pénale. L'administration pénitentiaire est souvent accusée d'être une « grande muette », à l'instar de l'armée. Mais je sais que notre meilleure défense, dans une majorité de cas, passe par la communication et la transparence.

CHAPITRE 1

Highway to hell

> « Maintenant, je sais avec certitude ce qu'est la solitude. »
>
> Bernard Bonvoisin

Je me suis toujours demandé, au cours de mes études de sciences politiques, de droit puis de criminologie, ce qui pouvait pousser un individu à la délinquance et au crime. C'est cette curiosité qui m'a peu à peu conduit vers les rivages de la pénitentiaire, un des plus grands espaces d'observation du fait criminel qui existent dans une société. La police et la pénitentiaire m'apparaissaient comme un lac aux eaux profondes et intrigantes, dans lesquelles je pourrais pêcher des réponses à mes interrogations. Je voulais attraper du gros poisson, de ces prises gigantesques et nerveuses qui vous explosent une ligne en deux coups de nageoire avant de replonger dans les profondeurs.

À 20 ans, issu d'une famille préservée des coups durs de la vie, je ne suis pas sûr d'avoir été capable de comprendre le crime dans toute sa complexité et toute son horreur. J'en avais pourtant la prétention à l'époque… Tant de temps a passé depuis. J'avais alors l'impression de connaître les moindres arcanes de la criminologie, chacune de ses subtilités, et, surtout, je pensais avoir trouvé les solutions adéquates. Vous dire si j'étais jeune, con et arrogant !

On ne peut pas comprendre le crime en usant ses fonds de culotte sur les gradins d'un amphithéâtre universitaire. Du haut de mes 20 ans, ces idées ne pouvaient être que des théories empruntées à des auteurs ou à des criminologues dont j'avais lu les ouvrages. J'avais pourtant le sentiment diffus qu'il ne pouvait s'agir que de théories très vagues, voire approximatives. Certaines, heureusement peu nombreuses, avaient été pondues par des intellectuels qui avaient probablement autant d'expérience directe du crime et de la délinquance qu'un adolescent boutonneux ou un vieux garçon pouvaient en avoir de la sexualité et de l'amour…

Depuis, ma profession m'a exposé, puis ouvert à l'humanité et à la vie des autres en général, avec ses profondes misères et ses subtiles satisfactions. Grâce à cela, je me sens plus humain et compréhensif envers autrui. Je craignais que l'immersion dans un univers particulièrement violent ne me conduise au renoncement, à la démobilisation et, au final, à l'aigreur. Malgré de gros bleus à l'âme, c'est heureusement tout le contraire qui s'est produit.

L'école de la solitude

En 1989, l'École nationale d'administration pénitentiaire (Enap) est encore située à côté de l'immense maison d'arrêt de Fleury-Mérogis, dans l'Essonne, sur un vaste domaine portant le nom engageant de « domaine de Plessis-le-Comte ». Vers 9 heures du matin, en ce mois de mars glacial, lorsque je range ma vieille Audi 100 déglinguée sur le parking de l'école, je constate que le campus est plutôt agréable. Quelques bâtiments administratifs et d'hébergement trônent au milieu de plusieurs hectares de pelouse parsemée çà et là de saules pleureurs.

À côté de mon véhicule, j'avise une voiture encore plus vieille que la mienne, une Citroën GS qui a dû être marron au siècle précédent. Au premier coup d'œil échangé avec son conducteur, la sympathie s'installe. Il existe comme cela des amitiés spontanées qu'on ne peut expliquer. Yves, qui vient de réussir le même concours que moi, vient de Toulouse et écoute *Highway to Hell*, d'AC/DC, sur son autoradio. Je monte dans sa GS et nous attendons ensemble que le campus s'anime un peu.

J'ai l'insouciance de mes 24 ans et l'envie de connaître au plus vite le moindre détail des fonctions auxquelles je me destine. En remarquant le nombre de jeunes et jolies filles qui font peu à peu leur apparition sur le campus, Yves me lance : « Olivier, je crois que c'est le paradis, ici… Regarde-moi toutes ces nanas… Si on est en enfer, mon ami, il me semble pavé de bonnes intentions ! »

L'expérience, pourtant, nous montrera vite une réalité fort différente, bien loin de nos fantasmes matinaux de post-adolescents. Notre formation de directeur va nous apprendre très rapidement la solitude du commandement. Car, dans cette administration à l'organisation quasi militaire, les individualités laissent souvent la place au grade et à la fonction. Aux yeux de ces jolies filles qui traversent le campus – pour la plupart des éducatrices en formation –, je ne serai bientôt plus un jeune homme comme les autres ; je serai un « directeur », peut-être leur futur chef…

Comme prévu dans notre programme, les cours commencent à un rythme effréné. Les premières semaines sont consacrées à la criminologie et aux sciences humaines, mais nous attendons tous le premier stage, celui où, durant plus d'un mois, nous allons revêtir un uniforme de surveillant et exercer cette fonction afin d'apprendre à « connaître le métier ». C'est comme un rite de passage, qui doit inciter les jeunes recrues arrogantes que nous sommes à faire preuve de davantage d'humilité et de respect vis-à-vis des hommes à qui nous allons commander comme des détenus qui nous seront confiés. Face à ces derniers, les années d'études universitaires ne servent pas à grand-chose : le stage a pour but de nous révéler que, pour accompagner une détention, le « savoir-être » et le « savoir-faire » sont souvent plus efficaces.

« Agir en homme de réflexion et réfléchir en homme d'action »

Pourtant, au cours de ce premier mois à l'Enap, certaines lectures se sont révélées d'une importance décisive pour moi. Alors que nombre de mes collègues se plongeaient dans *Surveiller et punir*, de Michel Foucault, je continuais de mon côté à lire les œuvres de Vladimir Jankélévitch. Le livre de Foucault, porté aux nues par mes professeurs, extatiques à sa seule évocation, ne m'a jamais transporté, malgré son intérêt scientifique et historique.

L'œuvre de Vladimir Jankélévitch porte sur la vie, le temps, le rapport à autrui. Chacun de ses ouvrages semble répondre aux interrogations suscitées par la condition carcérale, côté gardiens ou côté gardés. Jugez-en par vous-même d'après les titres de certains de ses livres : *La Mauvaise Conscience*, *L'Alternative*, *Du mensonge*, *Le Mal*, *Traité des vertus*, *L'Aventure*, *L'Ennui et le Sérieux*, *La Mort*, *Le Pardon*, *Le Sérieux de l'intention*, *L'Innocence et la Méchanceté*, *L'Irréversible et la Nostalgie*… Je ne me rappelle plus comment s'intitule celui où j'ai trouvé une des pensées les plus époustouflantes de vérité sur les travers de la vie. J'avais copié ces quelques lignes sur un bout de papier avant de le relire jusqu'à en saturer ma mémoire. Vladimir Jankélévitch écrit : « Les hommes font de grandes intrigues pour des plaisirs de quelques secondes, sachant que ces secondes-là auront toute la plénitude de l'éternel. » Tout est là ! L'explication de l'amour, de l'espoir, du sexe, de la drogue, du crime, du plaisir quel qu'il soit : tout est dans cette formule. Dans chaque instant fugace de plaisir, on cherche à atteindre l'ineffable, l'éternité, justement parce que nous sommes mortels et si fragiles.

La formation à l'Enap allait me rappeler ces évidences : entre les murs d'une prison, les illusions explosent en plein vol dès les premières semaines suivant la prise de fonction. Chacun se retrouve mis à nu, confronté à l'essentiel : le spectacle exigeant de « soi-même » face aux « autres ».

Quelques données pour mieux comprendre l'administration pénitentiaire

La direction de l'administration pénitentiaire dépend du ministère de la Justice. Les directeurs d'établissement pénitentiaire sont placés sous la hiérarchie de directeurs interrégionaux, eux-mêmes sous la tutelle du directeur de l'administration pénitentiaire, qui, selon les années, est un haut magistrat ou un préfet. Les directions interrégionales sont situées administrativement dans les grandes agglomérations hexagonales : Paris, Lille, Lyon, Strasbourg, Dijon, Rennes, Bordeaux, Toulouse, Marseille.

En 2009, il existe en France 194 établissements pénitentiaires. À la fin de l'année 2008, 7 nouveaux établissements pénitentiaires ont ouvert, permettant de fermer des prisons devenues vétustes et de créer plus de 4 500 places supplémentaires. On compte 111 maisons d'arrêt, 62 établissements pour peine, 6 centres pénitentiaires réservés aux détenus mineurs.

Derrière ces termes se cache une grande diversité de régimes de détention. Les maisons d'arrêt sont des prisons réservées aux détenus en détention provisoire, c'est-à-dire qui ne sont pas encore condamnés. On y trouve aussi des condamnés à de courtes peines, en principe d'une durée inférieure à un an. Les établissements pour peine sont également appelés « maisons centrales » s'ils hébergent des détenus condamnés à de longues peines ou dont le parcours de détention est émaillé d'incidents. Le régime de détention dans les « centrales » est principalement axé sur la sécurité, et surtout sur la prévention des évasions. D'autres établissements pour peine sont baptisés « centres de détention ». Ils accueillent les condamnés à des peines supérieures à un an et hébergent les détenus présentant des perspectives de réinsertion avérées. De ce fait, les centres de détention ont un régime principalement orienté vers la resocialisation des détenus.

Actuellement, on dénombre près de 33 000 personnels pénitentiaires. Parmi eux, 24 000 sont des personnels de surveillance, 4 000 des conseillers d'insertion et de probation, 2 000 des personnels administratifs et 450 des directeurs d'établissement. Les personnels travaillent en uniforme, à l'exception des directeurs, qui ne disposent que d'un uniforme de cérémonie. Comme dans la police, ces personnels sont soit des agents de surveillance, soit des gradés, soit des officiers, lieutenants, capitaines ou commandants.

Prison des villes ou prison des champs ?

Après deux semaines à suivre assidûment les cours théoriques, je n'y tiens plus. Je piaffe d'impatience de visiter une prison. Ma première prison. Je ne sais même pas à quoi cela peut ressembler de l'intérieur. Quand on passe à côté d'un établissement pénitentiaire, on n'aperçoit que les hauts murs et les miradors.

L'Enap a établi un programme sur plusieurs jours qui prévoit la visite de différents établissements : la maison centrale de Clairvaux, le centre de détention de Joux-la-Ville ainsi que celui de Val-de-Reuil. Moi qui suis célibataire et ne compte pas le rester longtemps, je remarque d'emblée que, mis à part quelques prisons comme la Santé à Paris, les prisons de Lyon, de Poissy et une petite dizaine d'autres, tous les établissements pénitentiaires sont implantés en zone rurale ou en dehors des agglomérations.

On sent bien que cette situation géographique reflète la manière dont la société conçoit la prison. Loin des yeux, loin du cœur. Il semble difficile de parler de proximité du citoyen avec le système carcéral quand tout est fait pour exiler les prisons loin des regards des électeurs – qui, soyons francs, voient d'un très mauvais œil la construction d'un centre pénitentiaire à quelques encablures de leur jardin potager. Les directeurs pénitentiaires sont obligatoirement logés juste à côté de l'établissement, dans des appartements ou des villas de fonction, un peu comme les gendarmes dans leurs casernes. À l'époque, certains directeurs étaient encore logés à l'intérieur même de la prison avec femme et enfants. Au premier abord, la perspective d'être logé gratuitement est séduisante, mais il n'est pas très confortable d'avoir ses fenêtres qui donnent sur les murs de la prison ou sur un mirador. Aucune intimité n'est possible. Le logement gratuit – ce que l'administration appelle un logement « par nécessité absolue de service » – devient vite un cadeau empoisonné.

Nous comprenons qu'un des défis de ce métier est d'éviter d'être vampirisé par la prison, exclu de la ville et de la société. Travailler en prison, vivre à côté de la prison, fréquenter presque exclusivement des personnes en rapport avec la prison – policiers, juges, avocats, gendarmes, pénitentiaires – nous semble asphyxiant. La prison peut rapidement devenir pour ses directeurs et ses officiers, logés sur place, un trou noir géant. Les nouvelles recrues doivent s'adapter à un microcosme qui possède son propre langage technique, avec ses acronymes indéchiffrables, son restaurant administratif, ses espaces de jeux pour les enfants, son mode de vie en casernement. Tout cela s'organise sous le regard attentif des miradors et dans une lumière perpétuelle, puisque même la nuit est domptée par des centaines de projecteurs aveuglants, bien accrochés sur le mur d'enceinte de la prison et allumés en permanence.

Zones neutres et câbles à choc

Au cours de ces visites, nos formateurs veulent nous montrer que les prisons françaises sont construites à partir de la philosophie architecturale inspirée du « panoptique » de Jeremy Bentham : tout voir et tout entendre depuis un point central, souvent sans être vu. Les détenus sont hébergés dans des bâtiments qui ressemblent à des immeubles de trois ou quatre étages. Pour faire simple, ces bâtiments sont désignés par des lettres : A, B, etc. Les étages, appelés « coursives », comptent en principe une cinquantaine de cellules où les détenus sont placés seuls ou à plusieurs. Autour de ces bâtiments de détention, on trouve des cours de promenade et de sport qu'entoure une clôture haute de cinq mètres, protégée par ce que l'on appelle du « concertina » ou du « detainer », une sorte de barbelé très coupant. À côté des unités de vie s'étend une grande zone ressemblant à un vaste hangar : la zone des ateliers de production. Au centre du complexe, un bâtiment est réservé aux activités et aux parloirs. Les zones d'hébergement et d'activité sont ceinturées par une autre clôture ou un mur haut de cinq mètres. On appelle cette partie de la prison la « zone neutre » : elle est balayée par des radars ou des câbles à choc qui détectent les mouvements, ainsi que par des caméras reliées au poste central de sécurité. Au-delà de cette dernière clôture, c'est le chemin de ronde, au pied d'un mur d'enceinte en béton de sept mètres de haut, surmonté à chaque angle par un mirador. Un agent armé d'un fusil automatique monte la garde dans chaque mirador et est relevé toutes les trois heures. Dans l'hypothèse où un détenu essaierait de s'évader et se retrouverait dans le chemin de ronde pour escalader le dernier mur, le surveillant en poste au mirador aurait l'obligation, après sommations, de lui tirer dessus.

Le nom de la rose

Après avoir rejoint Évry par l'autoroute A6, le bus affrété par l'Enap bifurque soudain vers l'est pour nous conduire dans l'Aube, à la maison centrale de Clairvaux. Il s'agit d'un lieu mythique dans l'administration pénitentiaire en raison du drame qui s'y est joué en septembre 1971 : au cours de ce que l'on a baptisé l'« affaire Buffet-Bontemps », du nom des deux détenus qui ont perpétré la prise d'otages, un surveillant et une infirmière ont été égorgés par les mutins.

L'humeur dans le bus est plutôt chaleureuse, les blagues et les rires fusent de toutes parts. Mais, à mesure que l'on s'enfonce dans la campagne et que l'on s'approche de la centrale, un silence de plus en plus lourd s'installe. Nous traversons des forêts aux branches décharnées qui laissent entrevoir de temps à autre le toit sombre d'une maison isolée. Je me récite quelques vers de Baudelaire qui évoquent parfaitement l'atmosphère des lieux : « Quand le ciel bas et lourd pèse comme un couvercle / Sur l'esprit gémissant en proie aux longs ennuis / Et que de l'horizon embrassant tout le cercle / Il nous verse un jour noir plus triste que les nuits. »

Surgissent alors des nappes de brouillard les murs de l'ancienne abbaye cistercienne construite en 1150 et transformée en maison centrale au XIXe siècle.

Comme souvent autour des prisons, des corbeaux sont posés sur le sol ou les branches des arbres. Ils lancent sporadiquement des cris stridents, comme pour entretenir une atmosphère gothique. Dans un film de série Z, cette ambiance transylvanienne ferait assez « kitsch » ; pourtant c'est la réalité, ici et maintenant. Seuls ceux qui se sont rendus à la centrale de Clairvaux par un jour brumeux d'hiver peuvent comprendre cette impression de flashback moyenâgeux.

Mes repères méridionaux s'accommodent mal du froid polaire qui règne ici. Derrière les épaisses vitres verdâtres et blindées des miradors, des silhouettes s'affairent avec lenteur. Tout semble d'ailleurs se dérouler au ralenti. Je me sens très mal à l'aise, et je ne suis visiblement pas le seul. Dans quelques mois, à la fin de la formation, l'un d'entre nous sera muté ici… Cette éventualité revient à mes yeux à un suicide social. Je regarde, incrédule, les stalactites de glace qui tombent du toit des bâtiments avec de petits craquements secs.

Mes pieds s'enfoncent dans une fine boue blanchâtre qui recouvre déjà mes chaussures et le bas de mon pantalon d'une pellicule argileuse. J'ai soudain envie de retourner dans le bus et d'attendre que la sonnerie du réveil mette fin à ce cauchemar. Une collègue, aussi désemparée que moi, s'exclame : « Apparemment, ils ignorent qu'on utilise le goudron depuis des lustres… Ce n'est pas un bus qu'on nous a fait prendre, mais une machine à remonter le temps ! » Nous approchons d'une vieille porte métallique qui semble être la seule issue pour pénétrer dans la centrale. Après un bref conciliabule avec un surveillant, nous entrons dans ce qu'il faut bien appeler une maison centrale, mais qui a encore tout du monastère.

Le souvenir de la mort et du sang

Ici, tout paraît froid, humide, d'un ennui mortel. Les souvenirs du drame de 1971 hantent ce lieu et imprègnent ses murs d'une atmosphère morbide. La même jeune collègue lance sur un ton de bourgeoise dépitée : « Mais ça pue la mort, ici ! » La remarque n'est pas fausse, mais elle vexe le gradé chargé de nous faire visiter la prison. Contrairement à moi, il ne semble pas souffrir du froid ni s'émouvoir de ce décor de crypte. J'en éprouve une certaine humilité teintée d'admiration. Le gradé est un homme rude ; son allure et son calme contrastent avec notre jeunesse. Dans son regard brille une lueur particulière, dure mais rassurante. Cette lueur, je ne m'en apercevrai que plus tard, s'allume chez ceux qui ont côtoyé le danger ou la mort et qui en sont revenus plus forts. Comme pour dissiper le malaise qui tétanise notre jeune groupe, le gradé lance d'une voix neutre : « Vous savez, ici, on est tous du coin, souvent surveillants de père en fils ! Après la visite, vous serez reçus par monsieur le directeur. »

Le ton déférent sur lequel il prononce ces mots, « monsieur le directeur », nous rappelle combien nous sommes encore loin de mériter un tel respect de la part des gradés à qui nous devrons commander dans quelques mois. Notre collègue, toujours elle, lui rétorque : « Ainsi donc, cher monsieur, le fait de rencontrer le directeur sera notre récompense ! Fort bien, fort bien… »

Silence glacé. Le gradé la toise et répond :

« Parfois, la peur et l'angoisse font dire de drôles de choses, mademoiselle… »

Au fil de la visite, le miracle pénitentiaire se produit. La présence des détenus et des surveillants parvient à humaniser les lieux. Dans la chaleur des unités de vie réservées aux condamnés à de longues peines, un spectacle vivant se déroule sous nos yeux. Le fonctionnement interne de la centrale, dans toute sa normalité, vient nous rappeler que nous sommes au milieu d'une collectivité humaine qui parle, vit, ressent, réfléchit. Les minutes s'égrènent sans que l'on y prenne garde. La curiosité piquée au vif, nous regardons cette vie en captivité s'organiser. Au départ, nous n'adressons la parole qu'aux surveillants, mais, très vite, des détenus viennent nous parler – certains avec une légère gêne ou timidité. D'autres, peu nombreux, manifestent leur hostilité en nous jetant des regards pleins de mépris ou en nous ignorant superbement.

Soulagés par la tournure des événements, nous assistons à la distribution des repas. Nous pensions voir une sorte de réfectoire commun où les détenus se bagarrent, comme dans les films. En réalité, la cuisine est faite par des détenus, et les repas sont servis individuellement dans chaque cellule. Les couloirs sentent la viande en sauce et, comme à l'extérieur, finalement, les coursives s'emplissent de bruits d'assiettes qui s'entrechoquent. Bien loin des clichés, nous prenons conscience qu'en prison vivent des hommes et non des fauves. Des hommes aux parcours souvent chaotiques, aux trajectoires de vie différentes des nôtres.

Après le repas, nous assistons à la descente aux ateliers. Les détenus de la maison centrale de Clairvaux fabriquent des coussins provençaux, des chaussures et des baskets. Ils sont rémunérés à la pièce, comme dans une usine normale. L'argent qu'ils perçoivent en échange de leur travail est crédité sur un compte dit « nominatif », géré par la comptabilité de la prison. Le détenu peut utiliser une partie de l'argent déposé sur ce compte pour acheter des produits, alimentaires ou non, par l'intermédiaire de la « cantine », qui n'est ni plus ni moins qu'une épicerie virtuelle. Ils les commandent sur un catalogue, un surveillant va les acheter au supermarché du coin et les leur livre deux jours plus tard. Le reste de l'argent des détenus est déposé sur un compte spécial servant à dédommager les parties civiles – en clair, les victimes. Enfin, les détenus sont obligés de constituer une épargne ; on leur remet cette somme à leur sortie, c'est le « pécule de libération ». La manipulation d'argent est interdite aux détenus : le fait de posséder de l'argent en numéraire constitue une faute disciplinaire qui peut être sanctionnée. Tout se passe par transferts de crédits virtuels de compte à compte.

Partout où nous passons, les personnels pénitentiaires semblent vigilants mais sereins. Je me rends compte que le plus difficile dans une prison doit être la gestion du « non-événement », c'est-à-dire la routine. La plupart du temps, il ne se passe rien de particulier : pas d'incident, pas d'insultes, pas d'agression, pas de suicide, pas d'évasion. Les détenus travaillent, suivent des cours, rencontrent leur famille au parloir, vont faire du sport, de la musique ou de la peinture, consultent un médecin pour un rhume ou une grippe, se lèvent, prennent leurs repas, regardent la télé, puis s'endorment pour une nuit de plus. Une parmi tant d'autres… beaucoup d'autres, trop, diront les détenus condamnés à de longues peines.

Chronique d'une journée de détention ordinaire

Lorsqu'un détenu est incarcéré, la première personne qu'il voit à son arrivée dans la maison d'arrêt est le greffier. Celui-ci prend ses empreintes digitales, puis établit un document appelé « fiche pénale ». C'est une formalité légale pour enregistrer le titre de détention, selon que le détenu est prévenu, condamné ou transféré d'une autre prison. Ce dernier est ensuite fouillé et passe par le vestiaire, où l'on inventorie et enregistre ses effets personnels. Son couchage et une trousse d'hygiène lui sont obligatoirement remis. Il est placé dans un « quartier arrivant » où il reste une semaine, le temps d'être reçu par tous les services de l'établissement : officiers, direction, service d'insertion, associations caritatives d'aide aux détenus, service médical, psychologue.

La semaine suivante, une commission pluridisciplinaire se réunit pour évaluer son potentiel suicidaire et mieux le prévenir le cas échéant. Cette commission est aussi chargée de se prononcer sur le secteur de détention où l'arrivant sera affecté le lendemain. Au cours de cette réunion, l'avis des psychologues, médecins, travailleurs sociaux, surveillants, gradés, associations d'aide et de soutien aux détenus est recueilli pour qu'aucun aspect de sa personnalité ou de sa situation sociale ne soit oublié. Cette procédure a été rendue obligatoire par les règles pénitentiaires européennes et par une instruction récente du garde des Sceaux, ministre de la Justice. Un tel travail pluridisciplinaire constitue aujourd'hui la pierre angulaire de la prise en charge globale des personnes détenues.

La journée d'un détenu est organisée selon des emplois du temps définis à l'avance, autour d'horaires fixes et invariables, qui sont cependant adaptables en fonction de l'implication personnelle de chacun. Certains préfèrent rester en cellule, pendant que d'autres participent aux activités de l'établissement. La journée de détention est rythmée par le travail, l'enseignement, la formation professionnelle ou le sport.

Les détenus peuvent travailler pour des entreprises privées qui sont implantées dans les ateliers après avoir passé un contrat de concession avec l'administration pénitentiaire. Ils peuvent aussi travailler pour une entreprise spécialement créée par l'État afin de fournir du travail aux détenus – cette société au régime juridique hybride s'appelle le « service de l'emploi pénitentiaire ». Enfin, ils peuvent travailler directement pour l'administration en effectuant des travaux de maintenance, de restauration ou de nettoyage.

Chaque établissement pénitentiaire possède obligatoirement une bibliothèque. Elle est en accès libre : pendant les heures d'ouverture du quartier socioculturel dans lequel elle se trouve, les détenus y accèdent à leur propre initiative et sans limitation pour lire ou retirer des ouvrages durant une ou plusieurs semaines. Par ailleurs, le service d'insertion et de probation de la prison est chargé de la programmation d'activités récréatives et socioculturelles : diffusion de courts ou longs métrages, ateliers d'art plastique ou d'expression théâtrale et artistique, musique, activité audiovisuelle…

Même si le service public pénitentiaire est soumis à une obligation de neutralité et de laïcité dans ses pratiques, la liberté de l'exercice du culte est garantie à l'ensemble des détenus, quelle que soit leur confession. Chacun doit pouvoir satisfaire aux exigences de sa religion. Des aumôniers sont agréés pour célébrer des offices, administrer des sacrements ou apporter soutien et secours aux détenus de leur confession. Les cultes sont célébrés dans une salle polycultuelle partagée par les quatre grandes aumôneries représentées : catholique, protestante, israélite, musulmane.

Gérer une détention, c'est aussi gérer l'attente, faire face à la fuite paresseuse d'un temps devenu lourd, qui sclérose les réflexes professionnels. Prendre en charge une détention, c'est être conscient que la nature humaine est portée vers la recherche du plus grand confort et du moindre souci. Entre les détenus et les surveillants, une trop grande distance, qui entrave le dialogue et génère de l'agressivité, est aussi dangereuse qu'une trop grande proximité.

Pendant ma visite de la centrale de Clairvaux, je comprends que je serai plutôt porté à la gestion des moments intenses de la détention, les tensions, les incidents. Je me sens comme un officier du corps des sapeurs-pompiers qui apprécie le calme, les arbres et la nature, mais qui veut expérimenter les limites de son activité de commandement au cours d'un incendie déchaîné. Jusqu'où puis-je être exigeant avec moi-même ? Je sens que c'est à l'épreuve du feu et au contact des difficultés qu'un directeur d'établissement pénitentiaire trouve sa vraie valeur d'homme et de chef. Ce n'est pas en enfonçant des portes ouvertes que l'on devient serrurier ou cambrioleur...

En attendant de savoir faire face aux incidents, je dois d'abord apprendre à administrer une détention, tout simplement. Un directeur de prison doit s'intéresser à la gestion économique et budgétaire de son établissement, aux ressources humaines, à l'animation de réunions de travail, à l'organisation d'activités socioculturelles pour les détenus, au financement d'actions de formation continue pour les personnels, au contrôle des prestations fournies par les entreprises effectuant des travaux dans la prison, etc. Comme un directeur d'hôpital ou un proviseur de lycée. Sauf que, parfois, les choses ne se passent pas comme prévu... Un directeur de prison doit alors savoir très vite abandonner son mode de travail administratif pour adopter un mode de travail « en situation dégradée ». En suis-je capable ?

Les « tauliers » s'habillent en « matons »

Quinze jours après notre incursion dans la centrale de Clairvaux, nous recevons notre uniforme de surveillant. Le fameux stage au cours duquel nous allons travailler pendant plus d'un mois comme surveillants stagiaires débute la semaine prochaine. Je suis affecté, avec mon camarade Yves, à la maison d'arrêt de Bois-d'Arcy, dans les Yvelines. À l'époque, l'établissement compte 1 500 détenus pour 600 places. Les problèmes de surpeuplement des prisons n'ont pas encore ému l'opinion publique, ni, donc, les décideurs administratifs et politiques. Aujourd'hui, cette maison d'arrêt tourne avec un maximum de 800 détenus – ce qui est encore beaucoup.

À notre arrivée, nous sommes envoyés directement au « taf », au « mastic », comme de simples surveillants stagiaires. Les temps ont heureusement changé, car, aujourd'hui, un directeur se fait un point d'honneur d'accueillir ses personnels, quel(le) que soit leur fonction ou leur grade. Yves et moi profitons de cette aubaine pour passer inaperçus et, surtout, pour éviter de dévoiler notre véritable statut, celui de directeur en stage de découverte. Notre référent de stage à l'Enap nous a recommandé cette discrétion afin que l'immersion soit totale. Lors d'un briefing, il avait utilisé un langage imagé : « Mesdemoiselles, messieurs, si vous voulez profiter vraiment de ce stage, je n'ai qu'un conseil : inspirez-vous du film *Brubaker* et faites "Fomec". »

Notre chère collègue gaffeuse s'était à nouveau offusquée :

« Pourquoi nous parlez-vous de "faux mecs" ? Je suis un peu perdue… »

Je me suis penché vers elle pour lui préciser :

« En fait, Fomec est un acronyme utilisé dans l'armée pour parler des tactiques de camouflage… C'est l'abréviation de Forme, ombre, mouvement, éclat, couleur. Pour bien se camoufler, il faut atténuer ces cinq éléments de manière indissociable. »

Cette conversation me revient en mémoire lorsque le chef de détention, c'est-à-dire l'officier responsable de l'ensemble des personnels, fait une entrée tonitruante dans la salle de briefing. C'est un pied-noir pure souche, souple comme un pied de verre et qui ne tolère pas la contradiction. Il prend toutefois une heure pour nous expliquer la nature de notre mission, les droits et les devoirs liés à notre statut, ainsi que le système de rotation des équipes de surveillants selon un système qui ressemble au trois-huit dans les usines.

En effet, une prison doit fonctionner 24 heures sur 24. Une première équipe de surveillants travaille donc de 7 heures à 13 heures, une deuxième de 13 à 19 heures. Ensuite, une équipe de nuit garde l'établissement de 19 heures à 7 heures du matin. Nous comprenons combien le discours tenu dans certains médias au sujet des surveillants est tronqué. Lorsque les journalistes annoncent que telle ou telle prison compte 200 surveillants pour 600 détenus et qu'il y a donc un surveillant pour trois détenus, il s'agit d'une contre-vérité. En prenant en compte l'organisation des équipes, il convient de diviser l'effectif global au moins par 3.

Ainsi, à la maison d'arrêt de Bois-d'Arcy en 1989, sur les 170 surveillants recensés dans l'organigramme, 50 étaient présents le matin, 50 le soir, 20 la nuit – les autres étaient en congé ou en récupération.

Points de rupture

Nous y voilà enfin ! Le lendemain de notre arrivée et après avoir fait retoucher mon uniforme, je suis affecté sur un étage de détention. Une fois l'appel des agents effectué, j'emboîte le pas à mes collègues pour rejoindre mon poste. Je suis dans le « grand quartier », le plus dur car le plus surpeuplé. On emprunte un souterrain avant d'arriver dans cette unité de vie. Tout le monde marche vite, et un vacarme assourdissant me vrille les oreilles à mesure que j'approche.

Je pénètre dans un endroit insensé d'un point de vue architectural, évoquant à la fois l'antre du docteur Folamour et le centre Pompidou. Le grand quartier a la forme d'une étoile au centre de laquelle un architecte fou a entassé une forêt de piliers en métal bleu pétard. Au milieu de cette toile d'araignée métallique se trouvent des plates-formes comme suspendues dans l'air, sur lesquelles des surveillants, face à des pupitres de commandes électriques, contrôlent toutes les ouvertures des portes donnant accès aux quatre étages que compte le bâtiment. Les escaliers en colimaçon sont si nombreux que je n'arrive pas à comprendre d'où ils partent ni où ils mènent. D'âcres odeurs de transpiration, de papier d'Arménie consumé, de cuisine et de tabac froid rivalisent avec les cris, les chants et les claquements de porte, comme une étrange compétition entre les stimuli sensoriels les plus irritants.

Comme il n'y a pas d'interphone sur les grilles métalliques, il faut crier pour se faire ouvrir. Je crois comprendre qu'il faut donner le numéro de l'étage où l'on se trouve pour pouvoir passer – je ne sais toujours pas à qui, mais on dirait que ça marche... À chaque seconde, on entend des détenus ou des surveillants hurler : « Rez-de-chaussée, merci ! », « Deuxième étage, merci ! », « Sous-sol, merci ! ». De temps à autre retentit un coup de sifflet nerveux, suivi d'un sonore : « Intervention !!! » Les surveillants se ruent alors vers un même lieu afin de maîtriser un détenu agressif ou de l'obliger à rentrer dans une cellule d'où il est sorti par la force. J'ai l'impression que le temps lui-même est sous amphétamines.

Malgré cette apparente confusion, tout semble se dérouler selon un mécanisme bien huilé – l'ordre dans le désordre. Je pensais que les détenus passaient le plus clair de leur temps en cellule, or il y en a dans tous les coins, ça monte, ça descend, ça entre, ça sort. Rien à voir avec l'atmosphère presque sépulcrale de la centrale de Clairvaux. Je mesure la différence qui existe, pour les surveillants, entre travailler en centrale et travailler en maison d'arrêt. Exercer en maison d'arrêt revient à gérer des flots humains à jet continu, comme dans un hall de gare aux heures de pointe. À Bois-d'Arcy, on surnomme d'ailleurs les surveillants qui escortent et encadrent ces mouvements de détenus les « écureuils » – tant ils passent leurs journées à monter et descendre des escaliers.

Pendant trois jours, je suis placé « en doublure » pour observer un surveillant. Le quatrième jour, quand je prends seul mon service, je suis atterré par le rythme de travail. J'ai toujours cette sensation de vivre en accéléré. Puis, brutalement, sans que je sache pourquoi, tout s'arrête. La prison semble vidée de toute vie et de tout mouvement. Puis, soudain, la frénésie repart de plus belle. À certaines heures, les coups de bourre sont à la limite du supportable, et le surveillant d'étage doit être capable d'accomplir vingt tâches à la fois. Après les « rushes » du début de matinée, quand les détenus descendent en promenade, aux ateliers et aux activités, un temps mort survient, qui ne dure jamais longtemps – dix, quinze minutes tout au plus. Arrive ensuite l'heure des fouilles : le surveillant doit passer de cellule en cellule avec une barre métallique pour taper sur les barreaux. S'ils sont sciés, ils sonneront creux. Le procédé peut paraître simpliste, mais il donne d'excellents résultats.

Durant la matinée, les détenus vont au parloir pour rencontrer leur avocat, font du sport, descendent discuter dans les cours ; certains travaillent dans des ateliers de conditionnement de flacons de parfum pour une célèbre marque de cosmétiques, d'autres sont employés au « service général », à des tâches de nettoyage, de restauration ou de blanchisserie. Une prison est comme une petite ville qui serait entourée de quatre murs et dont les habitants ne pourraient pas sortir.

À 11 h 15, les 120 détenus remontent presque tous en même temps à l'étage pour réintégrer leur cellule, et chacun a une requête à formuler. Je dois faire le tri entre ceux qui souhaitent se doucher, ceux qui râlent parce qu'ils devront attendre pour le faire, ceux qui veulent aller sans attendre au greffe, à l'infirmerie, chez le dentiste, voir le gradé, le directeur, leur avocat ou leur éducateur, ceux qui demandent à récupérer du tabac dans une autre cellule, etc. Seul interlocuteur de ces 120 détenus, je dois m'improviser enseignant, marabout, bonimenteur professionnel, équilibriste ou jongleur, dentiste, présentateur météo, conseiller matrimonial et psychologue, expert comptable, juriste, médecin généraliste, et j'en passe. Je ne suis que surveillant d'étage, je suis tout le monde et personne à la fois… Tellement débordé qu'il ne me reste pas de temps pour ce qui m'intéresse le plus : les relations humaines.

Malgré mon entraînement physique, je finis le travail lessivé, les pieds ruinés d'avoir monté et descendu autant d'escaliers, les oreilles endolories, le moral vacillant. L'avenir, mais je ne le sais pas encore, me prouvera que je vais m'habituer à tout ça, et même à bien pire.

Le lendemain, je ralentis la cadence et j'établis des priorités pour imposer mon propre rythme aux détenus. La journée se déroule de façon plus normale. En début de soirée, le détenu que l'on appelle l'« auxiliaire », ou l'« auxi », vient me chercher pour la distribution des repas, très ritualisée : j'ouvre la porte de la cellule, l'auxi avance le chariot et tend le repas au détenu. En général, c'est un moment plutôt convivial, où l'on tolère certains échanges entre détenus. Untel passe du sucre à un autre, qui lui renvoie quelques cigarettes. De toute façon, les détenus s'échangent tout ce qu'ils veulent par le système des « yo-yos » : ils déchirent des draps pour tresser des cordes longues de plusieurs mètres au moyen desquelles ils se passent, de fenêtre en fenêtre, tabac, aliments, drogue, courrier, etc.

« Tu n'as pas une tête de maton ! »

Le soir, avant de quitter mon service, l'auxi vient dans mon bureau et me dévisage avec un sourire en coin. C'est un Sénégalais condamné à quatre mois de prison pour séjour irrégulier sur le territoire français, un bon bougre qui me tutoie sans que cela soit familier :

« Dis-moi, chef, y'a un truc que je ne comprends pas : tu n'as pas une tête de maton, mais tu portes un uniforme.

– Dites-moi, monsieur G., juste pour ma culture personnelle… Ça veut dire quoi, avoir une tête de maton ? Regardez, j'ai les cheveux courts, je suis sportif, j'ai un uniforme bleu marine, je suis un surveillant !

– D'accord, mais y'a quelque chose qui cloche. Il y a juste quelque chose dans ton regard…

– Vous êtes marabout, monsieur G. ? dis-je sur le ton de la plaisanterie.

– Oui, chef, je suis marabout, et je sais que tu n'es pas un maton, il ne faut pas me prendre pour un con ! Bonne soirée, chef, à demain. »

Ce que ce détenu vient de comprendre, mes collègues, les « vrais » surveillants, ne mettront pas bien longtemps à le découvrir à leur tour.

Les sauts en parachute ne durent jamais très longtemps

Le lendemain, je suis « de nuit », en poste de 19 heures à 7 heures du matin. Je me dirige vers le mirador où je vais rester en faction de 4 h 30 à la fin de mon service. Comme c'est ma première nuit, je vais juste « faire une doublure ». Sur place, une fille m'attend au poste d'observation. Elle fait descendre la clef d'ouverture au bout d'une longue ficelle. Je l'attrape. Elle me crie : « Une fois que tu auras ôté la clef du mousqueton, ferme la porte de l'intérieur et remonte la clef ! Compris, collègue ? » Après avoir suivi ses instructions, je monte l'escalier en colimaçon et arrive dans le mirador.

« Je m'appelle Sandrine et je suis une des rares surveillantes de cette taule.

– Je m'appelle Olivier Maurel, je suis stagiaire. Il y a beaucoup de filles dans cet établissement ?

– Pas suffisamment à mon goût, mais bon… »

Le chauffage est réglé au maximum, et la chaleur sèche du convecteur me plonge dans une torpeur propice au sommeil. Pour me réveiller, j'éteins le radiateur et ouvre en grand la fenêtre du mirador. La surveillante me lance d'un air moqueur :

« Tu fais quoi si on nous tire dessus, espèce de gland ?

– Pourquoi ?

– Je t'explique. Tu vois la taille de la vitre ? C'est du verre blindé. Si on nous met du vitrage pare-balles, c'est pour nous protéger d'éventuels tirs depuis l'extérieur. Les concepteurs du mirador n'ont toutefois pas prévu l'hypothèse d'un fou furieux qui ouvre en grand la vitre juste pour vérifier qu'il fait bien moins 4 à l'extérieur… »

Je la regarde, amusé. C'est une très belle fille, d'à peu près mon âge. Ses cheveux noirs font ressortir le bleu très clair de ses yeux. Elle évolue avec la souplesse de celles qui ont fait beaucoup de gymnastique ou de danse classique. À ses côtés, j'éprouve comme une impatience au creux de l'estomac. Elle me dévisage également, un peu décontenancée. Plonger mes yeux dans les siens, c'est un saut en parachute, une accélération vertigineuse. Je ne suis pas angoissé par le silence qui s'installe entre nous, et qu'elle rompt soudain :

« Dis-moi, Maurel, tu débarques de quelle planète, au juste ?

– La même que la tienne, je crois bien… Tu sais que, si on nous prend en photo, là, je suis sûr qu'on pourrait penser à deux extraterrestres sous hypnose… »

La tension monte. J'enchaîne, sur un ton faussement détaché :

« On devrait peut-être regarder un peu à l'extérieur, histoire de faire notre boulot, non ? Imagine qu'un détenu se barre pendant que tu me jettes ton regard de husky.

– Mon regard de quoi ?

– De husky, tu sais, les chiens polaires qui ont les yeux bleus.

– En résumé, Maurel, tu es en train de me traiter de chienne…

– C'est juste une image ! Je suis sûr que tu as compris ce que je voulais dire.

– Bien sûr », chuchote-t-elle.

Je regarde sa main, posée à quelques centimètres de la mienne. Je sais qu'elle ne se dérobera pas lorsque mes doigts se poseront sur les siens – rencontre du troisième type…

Soudain, une voix métallique hurle dans un des haut-parleurs du mirador : « Évasion ! Évasion ! Ici mirador 3, j'ai deux individus qui franchissent la dernière clôture… Évasion ! Évasion ! Ils ont scié les barreaux de leur cellule, je les vois encore courir !! »

Je saute sur le coffre, qui contient un fusil automatique, je l'ouvre, j'introduis le chargeur. Sandrine tente de me retenir : « Arrête, Olivier ! Arrête, tu n'as pas compris… il faut… » Une fois le chargeur dans le fusil, j'ouvre la fenêtre et me poste en joue. Je scrute le chemin de ronde, illuminé par des dizaines de projecteurs. Pour l'instant, je ne vois rien ni personne. L'adrénaline irrigue mon cerveau.

Je presse le bouton de l'interphone et lance :

« Ici mirador 4, je suis en joue, approvisionné non armé, j'attends le contact ! »

Sandrine me regarde avec un air attendri et légèrement inquiet : « Olivier, allez, pose cette arme, s'il te plaît.

– Ça ne va pas, non ? Et si les mecs se barrent, on aura l'air de quoi ? Et s'ils tuent un flic ou un gendarme à l'extérieur ?

– Mais personne ne s'évade… personne ! » me dit Sandrine en posant sa main sur mon épaule.

Elle prend mon visage entre ses mains et m'oblige à la regarder. Elle se tient tout près et me souffle à voix basse :

« C'est un bizutage… un bizutage à la con. Chaque fois qu'un "petit nouveau" monte dans un mirador, il y a toujours un connard qui trouve malin de lui faire peur avec ce coup de l'évasion. Je sais que c'est consternant, mais, en principe, les jeunes n'ont pas le réflexe de sauter sur l'arme aussi vite.

– C'est normal…

– Pourquoi c'est normal ?

– Je sors de PMS, Préparation militaire supérieure, une instruction militaire pour devenir officier. Ça m'a permis d'avoir un report de deux ans pour finir mes études avant de partir pour le service national…

– Tes études ? Évidemment ! » réalise-t-elle subitement.

Elle ajoute d'une voix blanche :

« C'est pour ça que tu avais l'air différent… Pourquoi tu ne m'as pas dit que tu étais… »

Elle n'ose pas prononcer le mot, comme s'il pouvait la blesser.

« Un directeur en stage de surveillant ? Ç'aurait changé quoi, que je te le dise ?

– Je ne sais pas… Tu vas repartir dans un mois, changer de poste tous les trois-quatre ans… Tu vas peut-être devenir mon…

– Ton patron ?

– Oui… »

Un abîme se creuse entre elle et moi. Le charme est rompu, il s'est dissous comme un comprimé effervescent. Je ne suis plus un homme, ni elle une femme : je suis un jeune directeur, et elle une surveillante. Je sais que ma fonction va devenir comme une cage dorée.

Je sais aussi que, si elle avait franchi le pas, si elle avait oublié qui j'étais, elle se condamnait également à la solitude. Il ne fait pas bon être surveillante et femme ou compagne de directeur. Choisir l'homme en oubliant sa fonction, c'est aussi choisir de partager sa solitude. C'est accepter de porter avec lui son fardeau : les nuits sans sommeil dans un logement construit à cinquante mètres de la prison, au milieu de nulle part, perturbées par les hurlements des détenus, les départs au petit matin pour constater la découverte d'un cadavre, les lettres de menace, les congés annulés à la dernière minute, les enfants insultés à l'école quand leurs camarades découvrent la profession de leur père, les journées de travail qui commencent à l'aube et les retours nocturnes quand tout le monde dort à la maison, le divorce qui guette et qui, bien souvent, s'ensuit… Bref, la prison qui vous dévore tout cru.

CHAPITRE 2

Je viens d'en prendre pour dix-sept ans

Dans l'administration pénitentiaire, les personnels prennent des coups, physiques mais aussi psychologiques. Notre force, c'est que nous ne les prenons pas seuls, mais en équipe. Comment pourrait-il en être autrement quand je calcule le temps que je vais passer dans une prison au cours de ma carrière ? À raison d'une petite moyenne de dix heures par jour, entre 23 et 65 ans (j'anticipe les futures réformes sur l'âge du départ en retraite !) j'aurai passé 6 387 jours, soit dix-sept ans, à l'intérieur d'un établissement pénitentiaire.

En prison, à côté d'une immense majorité de détenus « normaux » – de simples citoyens qui ont commis une erreur au cours de leur vie –, on trouve un concentré hétéroclite de loosers systémiques, de bad boys caricaturaux, de récidivistes en série, de garçons immatures et de mauvaise vie, de méchants accidentels, de violents professionnels, de pros de la gâchette ou de la lame de rasoir, de délirants criminels, de voleurs par nécessité ou par réflexe, de toxicomanes en bout de course, d'anciens enfants battus qui n'ont pas réussi à échapper à leur tragique destinée, de tarifeurs de mensonges, d'autodidactes de la transgression, d'agresseurs et de violeurs pulsionnels… Une humanité imparfaite, avec ses forces et ses faiblesses. En fait, surtout ses faiblesses, ses travers et ses vices.

Ce n'est évidemment pas la mission des hauts fonctionnaires exerçant en administration centrale ou dans les cabinets ministériels que de savoir concrètement ce qu'est un mauvais garçon. Cette mission, c'est la mienne. J'ai rencontré énormément de délinquants et de criminels dangereux, et, à la différence de ceux qui ne connaissent des détenus que leur fiche signalétique et leur dossier pénal, j'ai vécu avec eux. À force de dialogue, j'ai pu entendre leurs secrets, parfois leurs remords ou leur insupportable déni des faits commis. J'ai été confronté à leurs délires, à leur folie. J'ai vu certains tueurs en série dont les yeux brillaient d'excitation tandis qu'ils me décrivaient leurs crimes.

J'ai aussi partagé les doutes de certains détenus, leur rage ou leur désespoir lors de ruptures ou de décès survenus dans leur famille. En raison de leur dangerosité, ces détenus n'ont pas toujours été autorisés par les juges de l'application des peines à sortir pour assister aux obsèques de leurs proches. Une telle situation d'impuissance absolue les obligeait à contenir dans les neuf mètres carrés de leur cellule une colère et une douleur sans limite. Celles-ci éclataient dans la nuit en des cris rageurs, des coups de lame, des bruits sourds de coups de tête ou de poing contre le béton. Parfois, la souffrance du corps peut réussir à couvrir la souffrance de l'âme. Pas toujours. Souvent, face à des douleurs indicibles, l'esprit plonge vers la seule échappatoire qui lui semble possible : la folie. Quand ce n'est pas le cas, et si la médecine n'est pas parvenue à apporter un soutien chimique, les détenus peuvent avoir recours à « Elle », la faucheuse, la mort. Un recours ultime et radical.

L'administration pénitentiaire, un système « total » ou « totalitaire » ?

Alors que, dans de nombreux autres milieux professionnels, ce qui est dangereux provient du « dehors », dans une prison, et plus spécifiquement une maison centrale – prison de très haute sécurité réservée aux détenus les plus difficiles –, le danger est virtuellement présent à l'intérieur en permanence. L'équilibre précaire de ces établissements peut être profondément altéré par le moindre incident : une pulsion d'agressivité mal contrôlée, une frustration non maîtrisée, un mot ou un regard de travers. Cette incertitude place les surveillants dans un grand inconfort psychologique. D'autant que les techniques de surveillance (l'observation continue, les fouilles, le contrôle du courrier...) portent sur l'intimité des détenus et tendent souvent les rapports avec eux.

La prison, en tant qu'organisation professionnelle hiérarchisée sur un mode pyramidal et quasi militaire, peut être observée et étudiée sous l'angle de la sociologie des organisations ou de la sociologie politique. Certains auteurs, comme Erving Goffman ou Michel Foucault, ont presque comparé l'administration pénitentiaire à une institution « totalitaire ». Goffman parle d'« institution totale », Foucault d'« institution disciplinaire ». Si, selon ces sociologues, la prison est une institution « totale », c'est parce que le personnel pénitentiaire prend en charge la totalité de la vie du détenu. Les personnes placées sous main de justice lorsqu'elles sont incarcérées font en effet l'objet d'une prise en charge globale et continue.

Je me refuse à utiliser les termes techniques et sociologiques de Goffman, car ils sont lourds de connotations très négatives. En revanche, je dois reconnaître que l'importance du rôle confié aux surveillants dans le cadre du contrôle social exercé sur les détenus est une pierre angulaire du système carcéral. Que peut faire un détenu de son propre chef, de façon autonome et sans autorisation des surveillants ? Pendant la journée, peu de choses en réalité, mais la nuit…

En dehors du champ restreint de leurs activités intra-cellulaires, les détenus doivent toujours demander une autorisation aux surveillants. Ils sont donc tributaires de ces derniers pour manger, recevoir des médicaments, aller à la douche, au travail, à l'infirmerie, aux cours scolaires, à l'office religieux, aux parloirs, recevoir le courrier, aller au sport ou en promenade, participer aux différentes activités socioculturelles… C'est un pouvoir énorme que l'État place ainsi entre les mains d'un seul homme ou d'une seule femme ayant réussi le concours de surveillant de prison. À chaque instant de la journée, les détenus sont observés, et le moindre comportement inhabituel est consigné et transmis aux gradés, puis aux officiers, enfin à la direction.

Tout détenu est tributaire du surveillant, lequel possède le seul moyen d'évoluer physiquement dans l'espace de la détention : les clefs. En prison, la clef est le « sésame » indispensable, la source de tout pouvoir, le symbole de la liberté de circulation pour son détenteur et de la restriction de liberté pour le détenu. Sans clefs, pas de prison… et pas de matons. Je dois confesser que le terme familier de « maton » ne me choque pas, pas plus que celui de « flic » ou de « toubib ». Ceux qui s'en offusqueraient ne feraient que traduire le fait qu'ils sont mal dans leurs baskets, donc incapables d'accomplir la mission de sécurité publique qui leur est confiée au sein de l'administration pénitentiaire. Dans ma bouche ou sous ma plume en tout cas, le mot « maton » n'est pas péjoratif – je ne vais tout de même pas tirer sur mes propres troupes. Ces personnels sont souvent mal aimés ou incompris, car la discrétion est notre credo. Nous devons garder notre sang-froid en tout temps et en tout lieu, ne jamais répondre aux provocations, aux insultes ni aux outrages. Nous œuvrons dans l'ombre, mais pas dans le secret. Nous devons mettre de côté nos émotions et notre colère pour rester des praticiens de la prison et veiller au respect scrupuleux des règles de droit intra muros.

La fonction première d'un surveillant est l'observation, le dialogue et, accessoirement, le renseignement ou l'évaluation comportementale des détenus. Car rien n'est anodin dans une prison. Tout a un sens. Si un détenu salue chaque matin le personnel pénitentiaire et cesse de le faire sans raison, c'est peut-être le signe d'une détresse personnelle, avec un suicide à la clef.

En conséquence, je suis plus que jamais convaincu que le contrôle social exercé sur les détenus ne peut pas être total ou « totalitaire », car le concept même d'une surveillance continue et infaillible n'est pas viable, pas plus pour les détenus que pour les surveillants. La pénitentiaire ne peut pas tout voir, tout entendre, tout prévenir ni tout interdire.

FCD : les âmes en acier trempé

Je ne me souviens plus qui, de Kafka ou de Courteline, a écrit que « l'âme humaine est en papier » – sans doute Georges Courteline dans *Messieurs les ronds-de-cuir*. En prison, l'âme des grands criminels et des détenus longue peine est en acier trempé. Leur devise tient en trois lettres : « FCD » pour « force, courage, détermination ». Certains, malgré les épreuves, les très longues peines à purger, possèdent une stabilité psychique et une force mentale stupéfiantes. J'ai encore en mémoire les propos de Michel Vaujour, libéré en 2003, qui, dans un film sorti en 2009 et intitulé *Ne me libérez pas, je m'en charge*, explique que, pour se soustraire à la pression des personnels pénitentiaires, il s'était lui-même privé de tout. Il vivait dans une cellule dénuée de tout confort et de toute décoration, comme un moine. Il voulait que l'administration pénitentiaire n'ait plus rien à lui retirer. Pour lui, décorer sa cellule revenait à accepter de s'y « installer ». Or il voulait conserver intacte son envie de s'évader, physiquement ou psychiquement. Durant les nombreuses heures passées à discuter avec lui au cours des cinq ans où je l'ai compté parmi mes « pensionnaires », une réelle estime réciproque est née entre nous. J'ai connu ce détenu désabusé, en colère, exaspéré, mais jamais vraiment haineux. Parfois, pour certains détenus, ne pas tomber dans la haine est comme un rite de passage, une transition cathartique pour se préparer, avec détermination mais humilité, au retour à la liberté après plus de vingt ans passés en prison. Cela nécessite une force d'esprit assez rare et qui mérite d'être soulignée. Mais tous les détenus ne s'appellent pas Michel Vaujour…

La prison est un lieu très violent, dans lequel, heureusement, gardiens et gardés arrivent à maintenir un contact humain, de façon parfois incroyable. Les médias évoquent souvent les suicides en prison, mais combien de surveillants ont sauvé la vie de détenus qu'ils venaient de retrouver pendus et qu'ils ont réanimés par le bouche-à-bouche et les massages cardiaques ? J'ai souvenir d'un détenu qui venait d'être gravement agressé par un codétenu au moyen d'un couteau. Son artère fémorale était sectionnée. Un surveillant eut le réflexe d'introduire son doigt dans le bout de l'artère tranchée, d'où giclait le sang en jets puissants. Il resta dans cette position le temps que le SAMU arrive et puisse clamper le bout d'artère avant de transporter le blessé aux urgences, et il lui sauva ainsi la vie. À l'inverse, combien de détenus ont aidé ou sauvé des surveillants agressés, menacés ou pris en otages ? Les exemples sont là aussi nombreux, depuis les détenus qui maîtrisent l'agresseur d'un personnel pénitentiaire jusqu'à ceux qui cachent des surveillants dans leur cellule ou les protègent physiquement pour les soustraire à une prise d'otages et à d'inévitables agressions – comme ce fut le cas lors de la mutinerie de Saint-Maur en 1987, où les détenus corses empêchèrent un groupe de détenus de s'emparer d'un otage et de mettre à exécution leurs menaces de sévices sexuels.

J'ai connu une telle situation un matin de juin 2000 où, en poste à la maison centrale de Moulins-Yzeure, je me suis fait violemment agresser par un détenu en crise. Ce dernier, furieux après une fouille de cellule, m'avait littéralement sauté à la gorge et roué de coups de poing et de pied. Il était dans un tel état qu'il ne parvenait plus à se contrôler, me frappant comme si j'étais un punching-ball. J'ai mis en pratique certaines techniques de self-defense pour amortir ou parer les chocs. Afin de me dégager au milieu d'une grêle de coups de pied et de poing, j'ai porté à mon agresseur un coup de coude et une droite au flanc. J'ai alors senti les os de l'auriculaire et de l'annulaire de ma main droite se fracturer. Le détenu, lui, n'a rien senti. Aveuglé par la rage et la colère, il a mis K.-O. un surveillant qui venait me porter assistance. Quatre détenus ont alors sauté sur lui pour le maîtriser. Sans leur intervention, j'en aurais sans doute gardé beaucoup plus de séquelles.

La veille de cet incident, j'avais pourtant passé plus d'une heure avec ce détenu dans sa cellule à discuter calmement, et même à plaisanter sur des sujets divers. En prison, rien n'est jamais acquis. Un homme, un détenu peut « disjoncter » à tout moment. Je n'ai jamais ressenti de haine envers cet homme, que j'ai revu à la maison centrale de Clairvaux récemment et avec qui j'ai pu à nouveau deviser aimablement. Il avait été condamné à une double peine de perpétuité, ce qui pouvait lui donner le tournis quand il essayait de se projeter vers le futur. Le jour où il m'a sauté dessus, les informaticiens de la prison avaient démonté son ordinateur et ne l'avaient pas remonté correctement. Cet ordinateur était tout pour lui, le seul moyen qu'il avait de s'évader virtuellement de la prison. En entrant dans sa cellule au moment où il découvrait son ordinateur cassé, je me suis trouvé au mauvais endroit au mauvais moment.

« Tu ne mentiras pas »

La prison est une école de droiture. Un détenu supportera moins que quiconque le mensonge : entre les murs d'une prison, alors que ceux qui y sont enfermés ont perdu la plupart de leurs repères, la parole donnée est parfois la dernière chose à laquelle ils peuvent se raccrocher. Si je promets quelque chose à un détenu, je dois respecter ma parole pour rester « réglo », comme on dit dans le jargon des truands. Les détenus préfèrent qu'on leur dise la vérité plutôt qu'on les laisse dans le flou et l'incertitude. Et pourtant, certaines vérités ne sont faciles ni à dire ni à entendre. Certains mettent notre franchise à l'épreuve.

Un jour, je rends visite à un détenu dans sa cellule, et la conversation s'engage, comme d'habitude, sur notre passion commune pour les guitares et les motos, particulièrement les Harley-Davidson. Changeant de sujet, il me lance :

« Vous aimez les armes ?

– Non, je n'aime pas du tout ça, ce n'est pas vraiment mon truc. Et puis vous connaissez la maxime : "Celui qui pèche par le glaive périt par le glaive"...

– Vous ne vous êtes jamais servi d'une arme ?

– Je vous ai dit que ce n'était pas mon truc et que je n'aimais pas ça. Sinon, je sais bien évidemment m'en servir.

– Moi, j'aime bien le CZ 75, je l'ai bien en main. Et vous ?

– Il paraît que les Glock sont précis et fiables, mais encore une fois, les armes, ce n'est pas mon truc. »

Il finit par en venir au fait :

« Vous vous sentez capable de tirer sur un mec ?

– Précisez votre question...

– Eh bien, vous êtes directeur de prison. Si demain on se retrouvait tous les deux dans le chemin de ronde alors que je suis en train de m'évader, vous... vous feriez quoi ? »

Je réfléchis un peu avant de lui répondre :

« Écoutez, pour cette fois, on va se raconter une histoire de science-fiction. Si je vous trouvais dans le chemin de ronde sans arme, moi ou un autre personnel pénitentiaire, on vous mettrait en joue, on vous demanderait probablement de vous coucher par terre, et on vous sauverait la vie parce que, si on vous laissait aller plus loin, vous pourriez vous faire descendre par les surveillants des miradors. Par contre, si de votre côté vous étiez armé, je n'irais sûrement pas me rapprocher de vous pour jouer les cow-boys. Dans ce cas, vous vous feriez tirer comme un lapin depuis les miradors.

– C'est plutôt franc, comme réponse !

– Vous m'auriez cru si je vous avais dit autre chose ? »

Le détenu sourit et enchaîne :

« Si nous revenions à nos Harley ? »

C'était un drôle de lascar, un de ceux dont j'aurais pu devenir l'ami si nous ne nous étions pas trouvés chacun d'un côté de la barrière. Selon ses voisins de cellule, c'était un sacré pilleur de banques. Il répétait qu'il faisait ça « proprement ». Nous en discutions parfois, sans jamais tomber d'accord. À part sa « profession », il était tout à fait charmant et aurait pu faire un bon père de famille. Mais c'était avant tout un paresseux, qui n'avait pas le courage de travailler normalement, qui aimait l'argent facile et ne savait faire que ça : « monter » au braquage. Comme tous les braqueurs que j'ai croisés, ou presque. Car il en faut, du courage, pour se lever tôt chaque matin et partir à l'usine ou au bureau…

Je pense qu'il ne m'aurait pas respecté si, face à ses questions sur les armes, je lui avais répondu vaguement, ou, pire, si j'avais menti. On peut avoir de l'estime, de la considération ou de la sympathie pour un détenu, il n'en demeure pas moins que, dans le cas d'une évasion, il n'y a plus de sympathie qui tienne : soit le détenu se couche, soit on lui tire dessus. C'est la règle d'un jeu qui, au final, n'en est pas un, mais alors pas du tout. De mon côté, je respecte le fait qu'un lascar condamné à vingt ans tente de s'évader. De son côté, ce même lascar sait que, si la possibilité nous en est donnée, nous ferons tout pour le neutraliser en cas d'évasion. Sans l'observation absolue de cette règle, tout le système s'effondre.

Ad augusta per angusta

Depuis des années, je suis confronté à la détresse et à la violence inhérentes à mon activité professionnelle. Pour se préserver, on apprend à ne pas devenir une éponge, à se protéger en prenant de la distance. Car, par certains côtés, notre mission ressemble à une promenade au bord d'une falaise, sur un chemin glissant, par temps sombre et pluvieux, avec un fort vent latéral. Mieux vaut être équilibré et marcher droit.

Une locution latine dit « *ad augusta per angusta* », ce qui pourrait se résumer par « obtenir des résultats grandioses par des voies étroites ». Cette maxime résume à mon sens parfaitement le travail de funambule du personnel pénitentiaire. Il faut trouver un juste équilibre entre sûreté et humanité, entre garde et réinsertion des détenus. Hors contexte de crise, le dialogue et les relations que nous devons conserver avec les détenus nous obligent à puiser au plus profond de nous-mêmes pour appliquer la règle déontologique fondamentale de notre profession : la nécessité de traiter tous les détenus avec humanité, respect, équité et neutralité, quel que soit l'acte commis. Objectivement, cela nous coûte plus dans certains cas que dans d'autres. Mais, au final, nous devons adopter des attitudes ou des réactions normales dans des situations anormales.

Je vais peut-être choquer certains collègues ou lecteurs, mais je ne conçois pas mon métier sans une forme de compréhension, voire de compassion, pour les détenus comme pour les personnels pénitentiaires. Lorsque je parle de compassion, je prends ce mot au sens étymologique, « souffrir avec ».

Ce que j'ai du mal à tolérer, en revanche, c'est cette sorte de fascination ou de curiosité malsaine qu'éprouvent certaines personnes, y compris des professionnels du droit, à l'égard des grands criminels célèbres, qu'ils soient braqueurs ou tueurs en série.

Un tueur en série entre quatre murs

La scène se passe à la centrale de Moulins, dans l'Allier, à la fin du siècle dernier. Assises face à moi dans mon bureau se tiennent trois jeunes magistrates, encore auditrices de justice à l'École nationale de la magistrature (ENM), dont je dois organiser le stage de quinze jours en centrale. Trois ex-petites filles modèles, trois élèves brillantes qui connaissent le droit et la procédure pénale sur le bout de leurs doigts délicats. Dans quelques mois, elles seront substituts du procureur, juges d'instruction, juges aux affaires familiales.

Le téléphone sonne. Le gradé en poste au greffe m'annonce l'arrivée d'un détenu un peu particulier, puisqu'il a fait la une de tous les médias ces dernières années. Ce tueur en série a été condamné à la réclusion criminelle à perpétuité pour avoir violé puis tué plusieurs jeunes femmes en région parisienne. À son nom, les auditrices de justice commencent à glousser, puis à gigoter sur leurs chaises lorsqu'elles m'entendent répondre : « Mettez-le en salle d'attente, je vais descendre pour faire l'audience arrivant. » Quand un détenu arrive dans une prison, le code de procédure pénale impose au directeur de le recevoir en audience dans les 48 heures qui suivent son arrivée – ce que nous appelons l'« audience arrivant ». Cette procédure s'applique à tous les détenus, les serial killers médiatiques comme les petits voleurs de scooter.

Embarrassé par l'agitation qui a saisi mes trois stagiaires depuis quelques minutes, je décide de mettre les pieds dans le plat :

« Vous savez, mesdemoiselles, ce détenu est un tueur en série que les experts psychiatres ont qualifié de pervers et de narcissique. Nous avons décidé de le traiter ici de telle sorte que la société l'oublie un petit peu. Nous allons le "dénarcissiser". Notre seul objectif sera d'agir avec lui comme avec un détenu banal, ni plus ni moins. Et pour commencer à mettre en pratique cette stratégie, je vais vous demander de ne pas m'accompagner à cette audience. »

Elles ne cachent ni leur stupeur ni leur déception.

« Je trouverais inadmissible de recevoir ce détenu avec trois jeunes filles, magistrates de surcroît. Vous vous rendez compte du sentiment de toute-puissance et de jouissance que cela lui procurerait ? Il vient de violer et de tuer sept ou huit jeunes femmes, et vous voudriez venir lui témoigner, par votre empressement et votre curiosité, votre enthousiasme à le rencontrer ? »

Une des trois magistrates semble soudain mesurer le ridicule de la situation et baisse la tête. Les deux autres boudent, dépitées de ne pouvoir le voir en chair et en os, ce fameux tueur en série. Je regarde celle qui a su garder son calme et lui lance : « Je verrai le détenu uniquement avec vous, mademoiselle ! » Les deux autres la fusillent du regard. Je les entends maugréer l'éternel refrain louant la supériorité intellectuelle des magistrats par rapport aux pénitentiaires. Je sais que l'exercice de leur profession en juridiction, sur le terrain, dans des bureaux exigus, souvent en l'absence de greffier, avec des semaines de travail de plus de cinquante heures et des audiences jusqu'à des heures indues, leur fera apprendre l'humilité et le respect d'autrui. Je coupe court à l'entretien et les confie à un officier pour qu'il leur fasse visiter la prison.

Après une audience sans incident, nous plaçons le tueur en série dans un quartier d'isolement afin de le protéger d'éventuelles agressions de la part d'autres détenus en raison de son profil. Dès son arrivée, les détenus des autres cellules se déchaînent, rivalisant d'imagination dans leurs insultes et leurs menaces. Confronté à ces cris lui promettant une mort imminente et douloureuse, le tueur reste impassible. Une insulte, c'est une marque d'attention, et lui, ce qu'il déteste le plus au monde, c'est l'indifférence.

Le soir venu, il attend patiemment que ses codétenus aient dîné et se soient couchés et, un peu avant minuit, il ouvre la fenêtre de sa cellule et commence à leur raconter son histoire. Il ne leur parle pas de son enfance, de sa mère qui l'a rejeté, de son père qui l'a abandonné, de sa demi-sœur sur laquelle il a perfectionné sa technique de strangulation, des animaux qu'il attrapait avec des collets et qu'il prenait plaisir à dépecer après les avoir égorgés. Ce qu'il leur raconte avec force détails, c'est la façon dont il chassait ses victimes, et surtout dont il « s'occupait » d'elles une fois qu'il était entré de force dans leur appartement et les avait attachées, un peu comme les chats et les chiens qu'il capturait dans son enfance.

Cette nuit-là, il fit le récit de sa trajectoire sanglante, depuis la première victime jusqu'à la dernière. Il n'oublia aucun détail sordide sur la manière dont il utilisait son couteau pendant qu'il les violait, cette espèce d'étourdissement qui le prenait lorsqu'il les tuait jusqu'à la jouissance. Son récit dura jusqu'au petit matin. Les autres détenus, ceux qui l'avaient insulté toute la journée, comprirent, le cœur au bord des lèvres, qu'il valait mieux laisser leur nouveau compagnon tranquille s'ils souhaitaient dormir en paix. Après cela, le tueur en série ne fut plus jamais insulté ni menacé. Et chacun retrouva le sommeil dans le quartier d'isolement.

Cette affaire me conforta dans l'idée que notre stratégie initiale était la bonne : faire en sorte que la société oublie le plus vite possible cet individu. Les pénitentiaires ont vocation à mettre de la distance entre un tueur en série et l'opinion publique. Notre tâche est de fabriquer de l'oubli, et nous devons nous en acquitter avec méthode et patience, très lentement. La prison sert aussi à éviter que des tueurs en série deviennent des étoiles, ou bien ce qu'ils ne mériteront jamais d'être : des mythes.

CHAPITRE 3

Sex, drugs and rock'n'roll

Lorsqu'en 1977 Ian Dury, accompagné de son groupe les Blockheads, chantait *Sex and drugs and rock'n'roll*, il n'imaginait sûrement pas être cité un jour dans un ouvrage écrit par un directeur de prison... De fait, la sexualité des détenus et la consommation de drogue en prison ont longtemps été des sujets tabous dans l'administration pénitentiaire.

Article D 249-2 alinéa 5 du code de procédure pénale

Le code de procédure pénale dispose, dans son article D 249-2 alinéa 5, que « constitue une faute disciplinaire le fait, pour un détenu, d'imposer des actes obscènes à la vue d'autrui ». Appliquant cette réglementation, l'administration pénitentiaire a longtemps interdit aux détenus d'avoir des rapports sexuels au parloir. Cette politique est encore mise en œuvre dans les maisons d'arrêt, où l'on considère que donner cette possibilité à ceux qui sont condamnés à de courtes peines n'est pas une priorité. D'autre part, cette catégorie d'établissements comporte rarement des parloirs offrant l'intimité nécessaire. Il n'est pas tolérable que les surveillants en poste dans les parloirs, mais aussi les autres visiteurs, et en particulier les enfants, assistent à de telles scènes.

En revanche, après des années de prudente retenue en la matière, le préfet directeur de l'administration pénitentiaire, a décidé, en 2005-2006, de mener une politique volontariste prenant en compte la sexualité des détenus, notamment ceux condamnés à de longues peines. Les syndicats de surveillants ont poursuivi cette réflexion, ce qui a donné lieu à une avancée substantielle permettant de maintenir les liens entre les détenus et leur famille. Il n'est jamais trop tard pour bien faire.

Durant des années, la position des professionnels de la prison sur la sexualité des détenus a consisté à fermer les yeux et à ne prononcer aucun des mots qui fâchent : masturbation, homosexualité, rapports sexuels au parloir. Chacun dans son coin a tenté de trouver un compromis qui, d'année en année, s'est éloigné un peu plus des grands principes en matière de dignité humaine. Lors de mon affectation à la maison centrale de Moulins, je me suis rapidement trouvé devant une impasse morale et déontologique. Dans cet établissement, la topographie des parloirs n'autorisait aucune intimité, et nombre de détenus allaient dans les W.-C. pour avoir un rapport sexuel avec leur amie ou leur épouse. D'autres, que la perspective de faire l'amour à leur femme dans les toilettes d'une prison rebutait à juste titre, essayaient de gagner la sympathie d'un gradé ou d'un surveillant pour qu'il détourne opportunément le regard. Comme je n'aurais pas aimé être surveillant ou détenu dans de telles circonstances !

En tant que directeur, j'ai dû tenter de concilier les intérêts des uns et des autres. Je comprenais les récriminations de mes agents, qui estimaient n'être pas payés pour assister à des scènes dignes de films X, mais j'entendais aussi celles des détenus, plus ou moins contraints d'exhiber leurs ébats intimes en l'absence de locaux adaptés. J'ai donc essayé, avec mes collègues directeurs ou officiers, de trouver les mots justes pour parler de ces choses-là avec les détenus.

La valse des robes longues et des faux-semblants

J'ai souvenir d'un détenu nommé Christophe B. qui venait d'entrer à la centrale et qui, chaque week-end, jouait les Rocco Siffredi au parloir. Lors d'un entretien, un officier l'avait rappelé à l'ordre, et la conversation s'était mal passée. Ce n'était pas un mauvais bougre, mais on abordait là un sujet difficile, un terrain miné. Une femme officier avait, la première, décidé d'en parler avec lui. Venant d'une femme, ces remarques sur sa sexualité avaient tourné à l'incident. Comme bon nombre de détenus avant et après lui, je le reçus dans une salle d'audience. Il tremblait de colère.

« Bonjour, monsieur B.

– Bonjour mes couilles, ouais… Vous savez ce qu'elle m'a dit, votre salope d'officier ? Que je devais arrêter de montrer ma bite et mon cul à tout le monde au parloir. C'est pas des manières de parler, ça… Ça se dit pas… Il y a du respect à avoir pour ma femme !

– Je sais bien pourquoi vous êtes en colère, mais lors des parloirs vous devez être, vous aussi, respectueux avec les familles ou les enfants des autres détenus.

– Comment ça ?

– Les enfants des autres détenus n'ont pas à voir ce que vous faites avec votre épouse. Ici, nous essayons de trouver un juste équilibre pour que les choses se passent intelligemment, et nous évitons de rompre cet équilibre. Vous comprenez ce que je veux vous dire ? C'est dans votre propre intérêt. »

Le détenu se calme un peu. Il a saisi l'ultimatum que je viens de lui poser à mots à peine couverts : il sait que s'il continue ainsi, je serai obligé de suspendre son permis de visite et qu'il ne pourra plus voir son épouse pendant un mois ou deux. L'article D 249-2 alinéa 5 existe bien, et il m'est demandé de le mettre en application. Je sais que, dans d'autres centrales, les détenus sont autorisés à descendre au parloir munis de draps ou de tentures qui leur permettent de construire une espèce de tente et de se soustraire au regard des surveillants. J'ai hâte qu'enfin un directeur de l'administration pénitentiaire ait le courage de prendre une décision pour mettre un terme à cette situation et créer des locaux spécialement adaptés à l'intimité des détenus.

Je connais par cœur le discours que je vais devoir tenir à Christophe B. Il est bien rodé, mais toujours délicat, car, sur ce sujet, les détenus sont à fleur de peau. Je me lance, conscient que tout cela peut finir par un « pétage de plomb » :

« Vous voulez connaître le conseil que je voulais vous donner ?

– Je n'ai pas besoin de conseil, je m'en bats les couilles !

– Dans votre situation, on a toujours besoin d'un conseil, monsieur B.

– Ah bon, et pourquoi ça ?

– Parce que je dois veiller à ce que certaines règles soient respectées ici. Vous avez une petite fille qui vit avec sa maman, je crois ?

– Et alors ? (Il se renfrogne.)

– Votre épouse lui laisse-t-elle regarder des films pornographiques à la télévision ?

– Eh, oh ! Attention à ce que vous dites, je suis pas un pointeur… Je suis tombé pour des bracos, pas pour un sale délit, moi !

– Ce n'est pas ce que je voulais dire, monsieur. Mais, en tant que père responsable, vous faites en sorte que vos enfants mineurs ne puissent pas voir des images pornographiques. Or ce que vous faites de manière ouverte avec votre épouse le week-end au parloir est vu par des enfants qui circulent librement dans cet endroit. Les autres détenus sont obligés de leur demander de ne pas se promener pendant que vous avez une relation sexuelle avec votre femme. Personnellement, je ne trouve pas cela normal.

– Si vous ne trouvez pas ça normal, vous n'avez qu'à construire des parloirs fermés, répond-il.

– Nous espérons tous, vous, mes surveillants et moi-même, qu'un jour viendra où vous pourrez bénéficier de ce type de parloirs. Croyez-moi sur parole. En attendant, soit vous faites preuve de la même compréhension que les autres détenus, soit vous savez ce qui peut se passer.

– C'est quoi, pour vous, “faire preuve de compréhension” ? »

Le détenu sait qu'il n'a pas le choix : à la centrale de Moulins, nous ne tolérons pas que les parloirs ressemblent à un camping le week-end. L'administration possède des règlements qu'il m'appartient de faire respecter. C'est un choix comme un autre… Il est souvent plus facile de laisser faire que de réglementer. Même si le discours que j'ai à tenir me donne des états d'âme en tant qu'homme, mari et père de famille, je me dois de le tenir comme directeur.

J'avale ma salive et je regarde le détenu assis en face de moi, qui attend une réponse claire et nette. Avec mille précautions, je lui explique que si son épouse lui rend visite vêtue d'une robe longue et si, par hasard, elle décide de s'asseoir sur ses genoux au cours de leur entretien, et si, encore par hasard, un gradé voit son épouse bouger de telle sorte qu'il puisse penser que son mari et elle sont en train d'avoir un rapport sexuel, le fait qu'elle porte une robe longue masquera l'essentiel, pour ne pas dire la totalité, des organes génitaux. Dans ce cas et dans ce cas seulement, l'article D 249-2 alinéa 5 ne s'appliquera pas, car il ne concerne que les actes obscènes imposés à la vue d'autrui. Ce qui se passe sous une robe longue ne concerne plus le code de procédure pénale.

Le détenu me fixe, hésite entre cracher sa haine et préserver le peu de liens familiaux qui lui reste. C'est l'instant où ça passe ou ça casse. Il ne dit rien, je lis dans son regard un mélange de dédain et de résignation. Il se lève et sort de la pièce. Je reste silencieux. Dans ma tête, une voix d'homme me crie : « T'es fier de toi ? », pendant qu'une autre, une petite voix de fonctionnaire, me dit avec bienveillance : « Tu connaissais les termes du contrat que tu as signé, mets un mouchoir sur tes états d'âme et retourne bosser ! »

Je comprends les collègues qui, dans les autres maisons centrales, font preuve d'une plus grande flexibilité dans l'application des dispositions du code de procédure pénale et ferment les yeux sur ce qui se passe dans leurs parloirs le week-end. Tout le monde sait que si les directeurs de maison centrale commencent à supprimer à tour de bras les permis de visite des épouses ou amies de détenus, des mutineries éclateront sans délai.

Pour vivre heureux, vivre caché ?

À partir de 2005-2006, un directeur de l'administration pénitentiaire a enfin eu le courage de réformer ce système. Les établissements pour peines et les maisons centrales ont été progressivement équipés de parloirs dotés de conditions d'hygiène et d'intimité minimales. Désormais, les détenus reçoivent leur famille dans de petits box qu'ils peuvent fermer de l'intérieur et qui préservent la discrétion de ces moments. L'administration les appelle des « parloirs sans surveillance directe ». Au surplus, les condamnés longue peine peuvent passer une journée dans des « salons familiaux », soit pour avoir des relations intimes avec leur conjoint, soit, tout simplement, pour passer un moment tranquille avec leurs enfants ou les membres de leur famille. Qui dit intimité ne dit pas forcément relations sexuelles. Il est important pour des enfants de détenus de pouvoir rencontrer leur père dans un endroit qui ne ressemble pas trop à un local pénitentiaire.

Enfin, sous certaines conditions, les condamnés peuvent voir leur famille dans le cadre d'unités de visite familiale (UVF). Il s'agit de petits appartements de type F3, situés dans la prison, où les détenus peuvent recevoir leur famille pour une durée de 6 à 72 heures. La maison centrale de Poissy, dans les Yvelines, dont je suis actuellement le directeur, comprend trois appartements de ce type. Ces UVF comportent un grand séjour avec un téléviseur et une console de jeux vidéo pour les enfants, un coin cuisine, une salle de bains, une chambre pour les parents et une chambre pour les enfants, un petit jardin. Les détenus qui, une fois par an, passent trois jours complets avec leur famille dans un tel appartement sont transformés. Ils redeviennent plus sociables et sont davantage attentifs et impliqués dans leur projet de réadaptation sociale. Aujourd'hui, toutes les nouvelles prisons possèdent des unités de visite familiale.

Les mots qui blessent et laissent des traces

Chacun comprendra que, la prison étant une microsociété en vase clos, les détenus ont dû adapter leur sexualité et le rapport à leur corps aux contraintes de cette vie en captivité. Une situation qui n'est pas très différente de celle des militaires qui partent en OPEX (opérations extérieures) pendant plusieurs mois et vivent en casernement, des marins qui restent longtemps en mer, des ingénieurs isolés sur une plateforme pétrolière, etc.

Dans toutes ces circonstances, il existe bien évidemment des gestes ou des relations en lien avec la sexualité. Le rôle du directeur de prison, de l'officier supérieur, du commandant de bord, est de veiller à ce que ces relations soient toujours consenties, sans rapport de force, violence ni chantage. Toute autre relation fondée sur la contrainte morale ou physique porte un nom et une qualification pénale : agression sexuelle et viol. Aucun individu ne possède donc le droit ni la légitimité de contraindre une autre personne à subir une agression sexuelle ou un viol, pas plus le citoyen libre que les détenus, les militaires projetés sur un théâtre d'opérations ou les marins cantonnés sur un porte-avions depuis des mois.

La nature même des individus placés sous notre responsabilité fait que les comportements agressifs et sexuellement violents seront plus fréquents en prison qu'ailleurs. Il y a en principe plus de risques d'être confronté à une affaire de violence sexuelle dans les douches d'une prison que dans celles d'un bataillon d'élite ou d'une unité de sous-mariniers. L'administration pénitentiaire française n'a, en revanche, aucun problème pour dénoncer ces affaires d'atteintes sexuelles entre détenus, voire, de plus en plus, sur les personnels pénitentiaires féminins. Les faits sont signalés au procureur de la République, qui décide de l'opportunité des poursuites pénales.

Je n'irai pas plus loin dans mes développements sur cette problématique de la vie sexuelle des détenus. Ce serait tomber dans du scabreux facile, et ce n'est pas le but de ce témoignage. Je m'impose volontairement cette ligne par respect pour les détenus et pour le peu d'intimité que la vie et les règles carcérales leur laissent. Je ne veux pas écrire à ce sujet des mots qui blessent ou laissent des traces.

Delta 9 THC

Le delta 9 tétrahydrocannabinol, communément appelé THC, est le principe actif moléculaire du cannabis, plante produite principalement dans la région du Rif, au Maroc, premier pays exportateur mondial. Le cannabis est connu pour ses effets psychotropes, c'est-à-dire qu'il agit sur le système nerveux central et entraîne une modification du comportement et de la pensée, d'abord comme un euphorisant, puis comme un calmant ou un analgésique. Il est conditionné sous plusieurs formes : un mélange d'herbe et de fleurs séchées, de la résine ou de l'huile. L'utilisation la plus répandue en France, et notamment dans les prisons, est celle de la résine de cannabis, plus connue sous les noms de « haschich », « shit », « chichon », « bédo », « beu », « oinj », « marie-jeanne », « kif », « H », « splif », « bat », « batos », « pétard », « tarpé », « boulon », etc.

Le haschich constitue l'un des principaux moyens de « défonce » pour les détenus. Jusqu'en 1995, l'administration pénitentiaire autorisait les détenus à acheter des canettes de bière pour leur consommation personnelle, à raison de deux par semaine. Les détenus stockaient cette boisson et la mélangeaient avec des médicaments psychotropes : anxiolytiques, somnifères, antidépresseurs. L'usage du cannabis existait également, mais pas dans les proportions que nous connaissons aujourd'hui. Après la suppression de la bière, l'usage du cannabis a commencé à croître de façon exponentielle. Les détenus, habitués à leur mélange bien franchouillard « alcool-barbiturique », ont rapidement opté pour une défonce plus orientale, aux odeurs cannabiques.

Bédo, brown sugar, Mona Lisa, CC : dis-moi comment tu te drogues, je te dirai qui tu es

Commençons par faire tomber quelques idées reçues au sujet de la drogue en milieu carcéral. Si l'on ne peut pas nier que plusieurs variétés de produits stupéfiants circulent en détention, il faut préciser que la quasi-totalité est constituée par le cannabis. L'usage d'héroïne, fumée ou en intraveineuse, est devenu anecdotique depuis l'arrivée du VIH et les campagnes de sensibilisation volontaristes qui ont suivi son apparition. De plus, un détenu qui se « shoote » va devoir faire entrer une seringue, utiliser du matériel annexe, comme une cuillère pour chauffer le produit et des boulettes de coton pour le filtrage lors du remplissage de la seringue. Ces équipements sont facilement détectables par les surveillants, et les détenus évitent d'y recourir. Quant à la proposition, émanant de certaines associations ou organisations professionnelles, de distribuer des seringues dans les détentions, je dois avouer qu'elle me choque au plus haut point. À moins que je ne sois en pleine confusion mentale, il me semble qu'en France, et ce jusqu'à nouvel ordre, l'usage de drogues constitue un délit. Je ne considère donc pas que mon rôle de directeur d'établissement pénitentiaire soit de distribuer aux détenus un moyen de se droguer, fût-ce « proprement ». Suivant la même logique, pourquoi ne pas fournir du champagne aux détenus alcooliques pour éviter qu'ils ne s'abîment l'estomac en buvant de l'alcool fabriqué artisanalement en cellule, voire de l'eau de Cologne quand ils en trouvent ? Pourquoi ne pas fournir des petites pailles bien propres pour faire en sorte que les détenus sniffent de la cocaïne de manière plus hygiénique ?

Ces propositions sont faites au mépris de tous les protocoles de sevrage physique que mettent en œuvre quotidiennement les médecins généralistes, psychiatres et psychologues, professionnels exerçant dans les antennes d'addictologie qui interviennent en milieu carcéral. Ceux qui les formulent ne prennent pas la mesure des efforts déployés par les équipes médicales pour fournir des produits de substitution et accompagner le sevrage. Les vrais professionnels de l'addictologie savent avec humilité combien cette prise en charge globale, indispensable pour un sevrage durable, est difficile, aléatoire, soumise à de multiples rechutes.

Cela dit, en vingt années de direction d'établissement pénitentiaire, je n'ai jamais vu à quoi pouvaient ressembler l'héroïne ou la cocaïne – surnommée par les détenus « CC » ou « Mona Lisa ». Leur usage et leur trafic présentent un caractère marginal.

Mission impossible pour le chat ?

Pendant longtemps, comme pour le sexe, l'administration pénitentiaire n'a probablement pas assez communiqué sur le trafic et l'usage de haschich. La nature ayant horreur du vide, c'est la désinformation qui a pris le dessus, et l'opinion publique a pu croire que les pénitentiaires laissaient prospérer le trafic et la consommation de cannabis au motif que ce dernier permettrait de « pacifier » les détentions. Au contraire, ils multiplient les efforts pour détecter les stupéfiants, avec des moyens de plus en plus sophistiqués. L'administration pénitentiaire s'est notamment dotée d'équipes cynotechniques dont les labradors, formés en même temps que les chiens de la police, sont spécialisés dans la détection des drogues en tout genre : héroïne, cocaïne, ecstasy, haschich, crack. Ces équipes effectuent de nombreuses missions, et dix chiens supplémentaires sont actuellement en cours de dressage dans les centres spécialisés de la police et de la gendarmerie nationale.

Lorsqu'on connaît les ramifications de l'économie parallèle de la drogue au sein de certaines maisons d'arrêt proches des pôles urbains où elle prospère, il n'est aucunement question de fermer les yeux... La recherche de stupéfiants est une préoccupation constante des personnels pénitentiaires, mais également une sorte de jeu du chat et de la souris. Le problème du chat, c'est qu'il ne peut agir qu'avec des moyens légaux, alors que les souris sont très malignes et s'affranchissent de toutes les règles. Lorsque le chat n'est pas là, les souris dansent... C'est pour cela que nous faisons en sorte d'avoir des chats partout. L'ordre interne de la prison doit être maintenu en fonction des lois et des règlements imposés par le code pénal, et il ne laisse aucune place pour une « paix négociée » entre les pénitentiaires et les détenus.

Il est impossible d'empêcher la drogue d'entrer en prison. Tout d'abord parce que les contrôles et les fouilles des personnes accédant en détention obéissent à une seule philosophie : éviter que des armes n'entrent. Les personnes qui veulent introduire des produits stupéfiants utilisent leurs cavités corporelles pour les dissimuler, avant de les remettre au détenu à qui elles rendent visite. Le détenu qui récupère la drogue la place parfois sous ses testicules ou entre ses fesses. Il court toutefois le risque de se faire prendre lors de la fouille intégrale qui suit le parloir. Comme les surveillants n'ont pas la possibilité légale de fouiller l'intérieur du corps (ce que l'on qualifie en droit de « fouille *in corpore* »), les détenus les plus prudents cachent la drogue dans leur rectum. En jargon pénitentiaro-policier, on dit qu'ils « coffrent ». En maison d'arrêt, où les visites ne durent que trente minutes, certains boivent deux litres d'eau avant le parloir, avalent la barrette ou l'ovule de cannabis et se font vomir en retournant dans leur cellule. Concernant l'ecstasy, l'héroïne et la cocaïne, la taille minuscule des comprimés, des « cailloux » ou des doses leur permet d'être véhiculés dans la bouche.

La drogue entre aussi en prison par projections. Les complices des détenus lancent des balles de tennis ou des canettes de soda bourrées de drogue dans les cours de promenade, où les détenus les récupèrent. Afin d'optimiser les trajectoires du tir, les complices jettent des cailloux à l'intérieur de la prison jusqu'à ce que leur ami détenu leur crie par la fenêtre que le projectile est bien tombé dans la cour de promenade ou sur le terrain de sport. L'objet contenant réellement la drogue a ainsi toutes les chances de parvenir à son destinataire. Pour lutter contre ce phénomène, l'administration pénitentiaire a surélevé les grillages des cours de promenade avec des filets spéciaux, dits « anti-projection ». Mais, en matière d'approvisionnement en produits stupéfiants, les détenus et leurs complices font preuve d'une imagination et d'une créativité tout à fait remarquables. S'ils dépensaient autant d'énergie pour trouver un travail honnête, il y a fort à parier qu'ils seraient moins nombreux derrière les barreaux... Ce système de projection est aussi efficace pour les téléphones portables.

Ma petite entreprise ne connaît pas la crise

Lorsqu'un paquet lancé par-dessus le mur d'enceinte atterrit dans la cour de promenade, il est aussitôt entouré par une vingtaine de détenus, capuche enfoncée sur la tête pour ne pas être reconnus par les surveillants. Quand le personnel pénitentiaire intervient, la substance illicite a déjà changé de mains. Parfois, le réseau est tellement bien organisé et hiérarchisé que le détenu qui le dirige n'a aucun effort à faire pour que la drogue lui parvienne. En réalité, ses « lieutenants » sont chargés de gérer la distribution et d'organiser la vente ainsi que les circuits de paiement à l'extérieur. En général, tout se règle en dehors de la prison sous forme de dons et de services divers : argent, prestation criminelle quelconque, tuyau sur un braquage ou une riche villa à cambrioler…

Je me souviens d'un paquet de résine de cannabis de plus de 100 grammes, un de ces paquets que l'on appelle des « savonnettes », qui avait été saisi dans une cour de promenade de l'établissement pénitentiaire où je travaillais. La drogue était entourée de scotch de déménageur sur lequel était inscrit au marqueur indélébile : « pour le boss ». Des détenus nous avaient révélé que le « boss » était un dealer issu d'une cité sensible des Yvelines. La drogue était projetée au-dessus des murs et, quel que soit le détenu qui la ramassait, elle atterrissait entre les mains des complices du « boss ». Ce petit caïd âgé d'à peine

20 ans avait l’assurance d’un chef d’entreprise et ne connaissait pas la crise. Malheur à celui qui ne respectait pas les règles de sa SARL et de sa hiérarchie intérieure. Les contentieux se réglaient à coups de lame dans les cours de promenade ou à coups de feu à l’extérieur. Lui était incarcéré et bien au chaud. Il attendait de sortir, quelques mois plus tard. Pendant ce temps, les gains de son juteux trafic étaient encaissés par des amis ou complices en liberté.

Tout juste le « boss » possédait-il dans sa cellule un infime morceau de haschich, qu’il consommait le soir venu, dans l’obscurité de sa cellule, avec la satisfaction de celui qui a atteint le sommet d’une hiérarchie où règne la loi du plus fort. Un petit joint à la main, il pensait sans doute à toutes les bastons où il avait perdu des dents, où il s’était ramassé de sournois coups de lame ou de batte de base-ball. À son premier flingue, un vieux revolver à grenaille modifié qui lui avait donné un inoubliable sentiment de toute-puissance. Au premier mec sur lequel il avait tiré. À son second calibre, un automatique cette fois, et toujours cette sensation de toute-puissance. Il songeait à ces caves pourries où il avait mis sur pied le début de son « bizness », ces recoins souterrains et humides où il avait bastonné jusqu’au sang des concurrents indélicats, ou tout simplement des garçons qui avaient « mal regardé » sa copine. C’était dans ces locaux sombres et sales qu’il avait organisé des tournantes pour ses copains en mal d’amour et de tendresse. C’était là qu’il était devenu le « boss », un exemple à suivre pour nombre de jeunes de la cité. Désormais, il portait des fringues de marque, pouvait faire exécuter un concurrent en monnayant sa vie 5 000 euros. Malgré tout cela, il avait tout juste 20 ans et habitait toujours dans le F3 de sa maman. On n'imagine pas à quel point certains quartiers dits « sensibles » se sont criminalisés et surtout professionnalisés dans certaines activités comme le deal de drogue.

De l'IGS à l'ISP

Face à cette situation, les personnels pénitentiaires ont l'obligation de lutter contre l'introduction ou le trafic de tout objet illicite ou dangereux pour la sécurité de l'établissement : armes, explosifs, drogue, mais aussi téléphones portables ou clefs 3G. Ces matériels de communication sont considérés comme des objets dangereux dans la mesure où ils peuvent permettre aux détenus d'organiser depuis l'intérieur de la prison des activités illégales à l'extérieur, ou encore de planifier des évasions avec des complices au-dehors. C'est avec un téléphone portable qu'en mars 2003 un détenu de la maison d'arrêt de Fresnes avait pu donner le top départ à un commando venu le faire évader. Une équipe de quinze malfaiteurs avaient attaqué la prison à l'explosif et au lance-roquettes, et, munis de kalachnikovs, ils étaient allés libérer leur complice à l'intérieur du quartier disciplinaire où il était placé.

Lutter contre l'introduction et le trafic de ces objets et substances interdits est aussi un impératif institutionnel quand il s'agit de réprimer sans états d'âme les personnels qui se laissent corrompre. Il existe au sein de l'administration pénitentiaire l'équivalent de l'Inspection générale des services, l'IGS, les « bœuf-carottes », la « police des polices » du ministère de l'Intérieur. Ce service s'appelle l'Inspection des services pénitentiaires (ISP). Dirigé par un magistrat, il est composé presque exclusivement de directeurs d'établissement pénitentiaire, affectés à la direction générale pour une durée moyenne de quatre ans.

Le « facteur humain » est à la fois la plus grande force et la plus grande faiblesse de l'administration pénitentiaire. Un fonctionnaire pourra se laisser corrompre de plusieurs manières : par amour, par appât du gain, par peur, par naïveté, pour le sexe, pour combler une faille narcissique, ou encore si, au moment de son recrutement, il est déjà corrompu. Il n'y a pas de profil type de la personne qui va basculer du côté obscur. J'ai vu des visiteurs de prison le faire par naïveté ou excès de gentillesse, des auxiliaires d'aumônerie, des psychologues, des éducatrices ou des avocates par amour. D'autres le font parce qu'ils ont peur pour eux et leur famille.

La corruption existe dans toutes les administrations, et celles-ci, quel que soit le ministère dont elles relèvent, ont toujours fait preuve de volontarisme pour la déceler, la prévenir et lutter contre elle. Outre les mesures disciplinaires administratives, qui consistent généralement en une révocation, les procureurs et la justice pénale sont particulièrement sévères avec les personnels pénitentiaires corrompus.

Le dernier agent que j'ai fait révoquer pour corruption, en 2003, faisait passer de la drogue et de l'alcool à un détenu par peur d'éventuelles représailles. Il avait été abordé sur le parking d'un hypermarché par une bande de truands qui lui avaient montré des photos de sa femme en train de conduire ses enfants à l'école et de lui-même devant chez lui. Il m'a raconté par le menu comment il avait été « recruté » par des malfaiteurs. Ces derniers avaient poussé le vice jusqu'à se prendre en photo devant la porte de son appartement. Le deal qui avait été proposé au surveillant était simple : soit il collaborait et introduisait de la drogue pour leur « copain », soit il « arrivait un malheur » d'abord à sa voiture, puis à son épouse et à ses enfants, enfin à lui-même. Ils lui avaient décrit avec une multitude de détails sordides la façon dont, équipés de cagoules, ils agresseraient son épouse.

Sur le parking du magasin Leclerc de Bois-d'Arcy, entre deux voitures, le principal interlocuteur du surveillant avait ouvert son blouson pour lui montrer un revolver qu'il portait à la ceinture. Il avait rapidement proféré des menaces :

« Tu vois, mon gars, ta grosse, on va se la choper à la sournoise, et pendant que mes potes la tiendront je lui ferai une putain de torsion sur les cervicales. Au mieux elle éternuera sa cervelle, au pire elle canera pas et passera ce qui lui reste de vie dans un chariot. Si je lui brise le cou, elle pourra même pas bouger les bras… Tu te rends compte, ducon ? Tu seras obligé de la torcher quand elle se pissera dessus !! »

Ils lui avaient ensuite promis de terminer par ses deux enfants.

« Tu sais qu'on ne va pas s'arrêter là, pépère. Après avoir explosé ta grosse, on terminera par les mômes. Trois ans et cinq ans… Tu imagines comment ils vont couiner quand on va s'acharner sur leurs rotules avec une batte de base-ball ou une bêche ? Elles vont exploser comme des coquilles d'œuf… tu mords le topo ? En plus, des fils de maton… tu parles comme mes poteaux et moi on va se lâcher ! Tu visualises ta femme et tes deux gamins demeurés se traînant comme de grosses limaces dans leurs chariots ? T'auras tellement envie de pleurer que tu te maudiras de ne pas nous avoir rendu un petit service à la con. »

Le surveillant avait cédé. Il aurait dû se précipiter au commissariat de police le plus proche et porter plainte, c'était la meilleure garantie pour lui et sa famille… Pourtant, en cette fin d'après-midi, le caddie rempli des courses destinées au frigo familial, c'est la peur et la panique qui l'avaient emporté.

Alors, dans mon bureau, même s'il savait qu'il ne sortirait qu'avec des menottes et entre deux policiers, il semblait tellement soulagé d'avoir parlé ! En avouant, il venait de se débarrasser de cette peur qui l'avait poussé à la délinquance. Il ne serait plus obligé de trahir pour protéger sa famille. Étrange réaction que la sienne… Il ne m'avait pourtant pas semblé idiot… Parfois, la peur révèle ce que les hommes ont de meilleur ou de pire au fond d'eux-mêmes. J'ai appris par la suite qu'il avait été révoqué, puis condamné à six mois de prison ferme. Cette condamnation lui aura sûrement rappelé avec vigueur le fait qu'il aurait dû avoir le réflexe ou l'intelligence d'aller déposer plainte au bon moment. Au lieu de cela, il avait préféré « se coucher » et se soumettre devant les difficultés.

Je ne ressens pas beaucoup de pitié pour les quelques personnels pénitentiaires qui se sont fait corrompre. Je dis « quelques » car, malgré ce que certains voudraient faire croire, les cas de vraie corruption ne sont pas nombreux. La direction de l'administration pénitentiaire met tout en œuvre pour traduire les fonctionnaires concernés en conseil de discipline et les révoquer. Qui aime bien châtie bien. J'ai entièrement confiance dans les 99,99 % de surveillants qui font leur travail dans le strict et parfait respect des lois et des règlements.

CHAPITRE 4

La prison des fous

Aborder dans cet ouvrage les tentatives de suicide et les automutilations est un peu risqué. Je ne voudrais pas que l'on m'accuse de vouloir choquer le lecteur avec des histoires sensationnalistes. Pourtant, je ne vois pas comment soulever les problèmes de fond que pose un acte mutilatoire sans avoir décrit, un tant soit peu, les différentes manifestations auxquelles on peut assister en prison.

Les automutilations, qui touchent ou peuvent attenter gravement à l'intégrité physique et à la vie des détenus, font partie des événements pénitentiaires les plus médiatisés. Ces actes, techniquement appelés « autolyses », sont souvent l'épreuve du feu pour les jeunes recrues. Évoquer cette problématique, c'est aussi réfléchir à la prévention et aux moyens d'empêcher les auto-agressions et les suicides d'une manière efficace et systématisée.

Une odeur de vieux métal rouillé et humide

Un directeur de prison débutant doit parvenir assez vite à se « blinder » face à la cruauté de l'acte suicidaire ou des mutilations. L'essentiel est de se concentrer uniquement sur l'individu et les causes de son geste, de le comprendre pour éviter – autant que faire se peut – qu'il ne soit commis à nouveau. Le véritable échec serait de renoncer à chercher une solution, une autre piste de travail pour essayer de prévenir ces suicides.

Quand on est confronté pour la première fois à une mutilation sérieuse, on est d'abord frappé par la vision inhabituelle de la chair découpée et par l'odeur du sang. Une odeur fade et entêtante, tenace, aux relents de vieux métal rouillé. Au cours d'un stage, lorsque je me suis trouvé dans cette situation, j'en ai discuté avec le médecin présent sur les lieux. « C'est normal que cette odeur vous paraisse métallique, m'a-t-il répondu, puisque le sang contient du fer. Le fer joue un rôle très important dans le transport des gaz dans le sang. Il constitue l'atome central de la molécule d'hémoglobine. C'est cette odeur que vous avez sentie, et plus on nettoie à grande eau, plus ça fait ressortir l'odeur du fer. »

Une fois qu'on a repéré cette odeur, on la reconnaît entre mille, un peu comme les effluves de la résine de cannabis, d'ailleurs. Elle m'indispose parce que la flaque de sang me renvoie à la terreur de mourir par exsanguination. Pourtant, quand j'étais enfant, mes grands-parents habitaient à côté d'un abattoir. J'allais y récupérer quelques litres de sang de mouton que ma grand-mère faisait cuire avec de l'ail et du persil. C'est ce qu'on appelle une « sanquette » dans cette région montagneuse et rude de l'Aude, une terre de vignes et de forts tempéraments, un ancien pays cathare asséché par la tramontane et les vents marins. Je n'éprouvais alors aucune répulsion à voir égorger un mouton – une scène, il faut bien l'admettre, un peu répugnante. Selon moi, notre sensibilité à l'odeur du sang humain en particulier tient du réflexe à la fois inné et acquis.

Les délires psychotiques de Rachid

Pour en revenir aux automutilations, il est clair que ces actes traduisent des problèmes psychologiques plus ou moins graves, selon l'agressivité avec laquelle ils sont commis. Ma première expérience difficile remonte à décembre 1990, dans un établissement de l'Ouest parisien, la maison d'arrêt de Fleury-Mérogis. Elle concerne un détenu que j'appellerai Rachid.

Une nuit, Rachid, pris d'une bouffée délirante, est conduit à l'infirmerie du bâtiment D1 pour y être vu par le médecin de garde. Il se trouve dans un état d'agitation extrême. La nature de son délire semble d'ordre mystique : il se croit possédé par un démon et veut s'arracher lui-même le cœur afin de se libérer de cette emprise. À l'infirmerie, il déchire son tee-shirt. Ses yeux démesurément grands ouverts brûlent de cet éclat particulier qui traduit la folie furieuse. Les muscles secs et noueux de ses bras, de son cou et de ses abdominaux, zébrés de veines surdilatées, tressautent spasmodiquement à chaque hurlement. Un tel cas d'urgence psychiatrique nécessite avant tout que le détenu ne blesse personne et ne se blesse pas lui-même. Rachid hurle comme un damné.

Dans son délire, il se précipite sur les personnels pénitentiaires ainsi que sur l'interne de garde qui tente de l'examiner. Il les bouscule, puis s'empare d'une paire de ciseaux et d'un scalpel sur une table de travail. Il jette les ciseaux, mais conserve le bistouri. Il commence à se porter des coups avec cet instrument et se lacère la peau au niveau du thorax. Les entailles sont profondes, mais pas autant que Rachid le souhaite. La lame a découpé la chair, mais elle est stoppée par la plaque osseuse et cartilagineuse du sternum.

Les surveillants essaient de le maîtriser, mais ils ont affaire à un concentré d'énergie pure, un homme dont la tonicité musculaire est comme électrifiée par la folie et qui ne sent plus la douleur. La force conjuguée des trois surveillants parvient tout de même à bout de sa résistance. Rachid tombe à terre, où il continue de gigoter, comme s'il avait touché un câble à haute tension. Quand il lâche finalement le scalpel, le médecin demande à ce qu'il soit placé sous contention médicale. Rachid est donc transporté en chambre d'isolement, allongé sur un lit où on lui pose une ceinture de contention psychiatrique – une épaisse ceinture de cuir marron renforcée de tiges de métal, qui permet d'immobiliser les bras et les poignets du malade par un système de sangles et de boucles.

Nous sommes à quelques jours de Noël. Dès que j'entre dans la maison d'arrêt, on me demande d'urgence à l'étage de détention du bâtiment D1 : on m'apprend qu'un détenu vient de se mutiler très gravement. En arrivant sur place, j'entends des cris gutturaux, inhumains, qui résonnent tristement dans le long couloir de la détention. Un attroupement d'uniformes bleus et une infirmière s'affairent dans une agitation fébrile et brouillonne. Le cas semble grave. Une jeune surveillante stagiaire vomit tout ce qu'elle peut dans l'angle d'un mur. Une de ses collègues la soutient, livide, les yeux exorbités – je n'avais jamais imaginé que, en dehors de certains dessins animés de Tex Avery, un être humain puisse avoir les yeux aussi exorbités. Je lui parle, mais elle ne m'entend pas. En psychologie appliquée, on appelle ça un « état de stress dépassé ».

Je me prépare à voir une scène atroce. Plus j'avance, plus je suis agressé par les cris, l'odeur d'excréments et celle de sang. Quelques pas encore, et j'y suis… Je me place dans l'encadrement de la porte : Rachid a réussi à se libérer un poignet, il s'est uriné et déféqué dessus, puis a tartiné certaines parties de son corps avec ses excréments. À présent, il est en train de se dévorer l'index droit. Comme un chien d'attaque, il secoue la tête pour bien arracher la chair qu'il est en train de mordre, sa propre chair. Il en a englouti une bonne partie, pratiquement jusqu'à la première phalange, dont on aperçoit l'os, mis à nu par les morsures répétées.

Je sais qu'il faut le maîtriser pour l'empêcher de continuer, mais personne ne sait trop par quel bout le prendre. Il est recouvert de matière fécale et de sang, un mélange qui dissuade les velléités altruistes et le volontarisme du secouriste potentiel… Je suis tenté de lui repousser la tête vers l'arrière, mais son visage est recouvert d'une vilaine croûte d'excréments de fort mauvais augure. Des mains vigoureuses me tirent pour m'éloigner de lui, alors qu'une voix rocailleuse du Sud-Ouest lance :

« Ne le touchez pas, ce n'est pas à vous de faire ça, on s'en charge ! »

Quatre surveillants viennent d'arriver, appelés par leurs jeunes collègues débutantes. De solides gaillards expérimentés, membres de l'équipe locale de rugby. Très vite, Rachid est maîtrisé. Les surveillants, qui portent des gants chirurgicaux en latex, immobilisent ses mains et placent le doigt mutilé dans une serviette récupérée à la hâte afin de stopper l'hémorragie. Ils veillent à lui fermer la mâchoire pour éviter les morsures. L'opération se fait donc dans un silence relatif, puisque Rachid ne peut plus ouvrir la bouche.

Docteur Jekyll ou Mister Hyde ?

Un psychiatre arrive enfin. Dans cette situation délicate, nous le considérons un peu comme un homme providentiel. Le sauveur en question est de très petite taille, les cheveux ébouriffés, le regard péremptoire et la blouse d'un blanc immaculé. Il fait de grands gestes avec ses petits bras. Il se dirige vers les surveillants, recouverts de matière fécale et de sang. Ces derniers maintiennent le garrot sur le doigt du détenu et l'empêchent de se mutiler plus gravement en bloquant ses mouvements de tête et, surtout, l'ouverture de sa mâchoire.

Le psychiatre hurle :

« Arrêtez de taper le détenu, lâchez-le ! »

Je me présente et lui expose la situation. Pour calmer le détenu, je pensais à une injection de neuroleptique… Que faire d'autre ? De mon récent stage dans un hôpital psychiatrique, j'avais retenu qu'un malade délirant et en état d'agitation violente doit recevoir une injection de neuroleptique sans son consentement, étant donné qu'il est dangereux pour lui-même et pour autrui. Mais, en ce petit matin de décembre 1990, les gestes basiques de l'urgence psychiatrique ne s'appliqueront pas ; le petit médecin psychiatre en a décidé ainsi.

Ce dernier est intimement convaincu que je suis un jeune con – ce qui est son droit le plus strict – et que le détenu nécessite surtout de l'écoute. Il demande à ce qu'on le laisse seul avec Rachid. J'insiste : au regard de la violence de la crise, il vaudrait peut-être mieux lui faire une injection rapide. La réponse est cinglante :

« Ce n'est pas avec votre bac + 4 en droit que vous allez me donner des conseils. J'ai fait plus de dix ans d'études pour en arriver là ! »

Les quatre agents couverts d'excréments sortent et laissent le médecin avec Rachid. Le psychiatre s'adresse à lui sur un ton calme, lui demande son nom et de décrire ce qui lui arrive. Le détenu répond par des cris éraillés et caverneux. Après cinq bonnes minutes de cet échange grotesque, le médecin sort de la cellule et en referme la porte. Il semble passablement irrité depuis qu'une petite virgule de merde est apparue sur sa blouse. Il déclare que ce détenu est « bien délirant » et qu'il va en informer son chef de service, puis établir une demande de placement en hôpital psychiatrique. Mes surveillants, titulaires du BEPC, avaient déjà compris que tout cela se terminerait par une HO (hospitalisation d'office en milieu psychiatrique)…

Pendant qu'il expose son nouveau diagnostic, Rachid se met à pousser un couinement grinçant et étouffé, puis se tait. Ce silence inespéré est d'abord accueilli comme une bénédiction. Mais, trop brutal, trop étrange, il devient porteur des pires inquiétudes. Nous nous précipitons à nouveau dans la cellule de contention.

Rachid gémit doucement. Il s'est une nouvelle fois libéré des sangles en cuir qui lui entravaient les poignets. Son regard se tourne vers nous, mais ses yeux nous fixent sans nous voir. Un magma sanguinolent apparaît au niveau de ses testicules. Il émet des râles rauques et recrache une espèce de mousse rougeâtre d'où émergent des petits morceaux violacés et rouge foncé. Je n'ose dire à voix haute ce que je pense voir. Derrière moi, une grosse voix du Sud-Ouest s'écrit :

« Merde ! Je crois qu'il s'est bouffé une couille ! »

C'est bien pourtant la vérité. Rachid s'est attrapé la peau des testicules, qu'il a probablement déchirée à mains nues. Il s'est ensuite arraché un testicule et l'a dévoré. Je me tourne vers le médecin et lui demande avec ironie ce qu'il convient de faire…

Heureusement, d'autres psychiatres pénitentiaires m'ont depuis réconcilié avec cette profession, à laquelle je voue le plus grand respect et la plus grande reconnaissance. Rachid fut interné en hôpital psychiatrique après avoir été soigné, recousu et, finalement, amputé du reste des parties de son anatomie qu'il avait dévorées ou déchirées, à savoir son index et son testicule droits.

Quant à moi, j'ai fini cette fameuse matinée de décembre en compagnie de Thierry, un collègue directeur aujourd'hui en poste au contrôle général des prisons, dans un des ateliers où les détenus emballaient ces friandises bien connues – une cerise à la liqueur enrobée de chocolat. L'atelier étant encore vide, nous en profitâmes pour dépiauter quelques bonbons et siroter quelques centilitres de liqueur… juste pour donner un goût plaisant à l'air que nous respirions. Ceux qui ont vécu ce type de situation le savent bien : les odeurs de cadavre, de sang ou d'excréments s'incrustent dans le nez et dans le cerveau. On a l'impression que les vêtements, les cheveux, le corps tout entier en sont imprégnés.

J'ai gardé longtemps en tête l'image et l'odeur de ce détenu en détresse psychiatrique en train de se dévorer au milieu de ses excréments. Triste spectacle… Je me doutais pourtant que j'allais en voir d'autres. L'avenir, de ce côté-là, a tenu ses promesses.

Mon corps, mon ultime liberté

Cet exemple est malheureusement loin d'être isolé. Toutefois, la plupart des automutilations sont des phlébotomies simples au niveau des avant-bras, des jambes ou parfois de l'abdomen et du cou. Elles donnent lieu à quelques points de suture, puis à une convocation à un entretien avec un psychiatre ou un psychologue. Une automutilation n'est jamais neutre, c'est toujours un indicateur, un signe, l'élément précurseur d'une crise éventuelle plus grave. Un grand nombre des détenus qui réussissent leur suicide se sont préalablement automutilés – c'est vrai en général, mais pas toujours, cependant.

À mon sens, cette mutilation du corps constitue une manifestation très intime et personnelle de la liberté d'un individu, un peu comme les scarifications ou les tatouages. Mais, au sens de la psychiatrie, les tatouages ou les piercings ne peuvent pas être considérés comme des automutilations, avec la charge psychopathologique que cela implique. En ce sens, le corps est parfois vécu comme le dernier des biens dont un détenu peut disposer en prison. Dès lors, il arrive que, dans un moment de crise ou de délire, pour contester une mesure judiciaire ou pénitentiaire prise à leur encontre, les détenus se mutilent délibérément. Ils sont capables de se couper des doigts, de se coudre la bouche et/ou les yeux, d'avaler des objets hétéroclites comme des couteaux, des cuillères, des fourchettes, des piles électriques, du verre pilé, des clous, des aiguilles, des lames de rasoir jetable… Ils peuvent aussi, avec ces mêmes lames, couper ce corps qui leur appartient, qui demeure leur propriété privée et inaliénable. Certains, notamment ceux qui ont été abusés sexuellement dans leur jeunesse ou leur enfance, se tailladent avec l'espoir de faire sortir du pus. En se mutilant, ils tentent inconsciemment d'extraire cette « saleté » qui ronge l'intérieur de leur corps.

La douleur alors ressentie correspond au soulagement d'une tension nerveuse, d'une pulsion. Il ne faut jamais oublier que la prison est un lieu de frustrations diverses et variées, de violences et d'agressivité, contre soi-même ou contre les autres. Certains détenus m'ont expliqué qu'ils se sentaient soulagés après s'être « coupés » : ils savaient qu'ensuite on les emmènerait hors de leur cellule, à l'infirmerie ou à l'hôpital. Je peux comprendre cela, mais je ne peux me résoudre à ce que la mort en découle.

Pourtant, peut-on empêcher un homme de se suicider s'il a vraiment décidé d'en finir ? Que faire ? L'attacher ? Placer quelqu'un à ses côtés en permanence ? Poster un surveillant derrière la porte de chaque cellule, le jour comme la nuit ? Rappelons-nous le fameux tueur en série qui avait enlevé, puis violé et tué plusieurs jeunes garçons effectuant leur service militaire dans l'est de la France – ce que l'on avait appelé l'affaire des « disparus de Mourmelon ». L'homme s'est suicidé dans une chambre d'hôpital où deux policiers le surveillaient 24 heures sur 24 à travers une grande vitre. Alors qu'ils l'observaient à quelques mètres de distance, il avait simulé le sommeil et s'était tranché l'artère fémorale. Il avait enroulé un drap autour de sa cuisse afin que le tissu s'imbibe du sang qui allait gicler après la section de la veine. Il ne voulait pas que les policiers s'aperçoivent trop vite qu'il se vidait de son sang. Lorsque les gardiens de la paix ont vu le sang ruisseler sur le sol, il était trop tard. Le détenu venait de mourir.

Mort à Dieu

La folie peut prendre des tours spectaculaires. Elle révèle toujours une immense souffrance, une infinie détresse. Le personnel pénitentiaire navigue dans un milieu où des hommes voient ce qui n'existe pas, entendent des voix surgies de nulle part, rient quand il faudrait pleurer et s'effondrent en larmes alors que tout prête à rire. Dans cet univers paradoxal, des fonctionnaires pénitentiaires légalement investis d'une mission de sécurité publique doivent s'improviser psychologues et exercer leur profession dans un climat rappelant de plus en plus celui des urgences psychiatriques et médico-légales.

Parmi les détenus que l'on qualifie de dangereux figurent en premier lieu les psychotiques violents. La violence du « fou », surtout en milieu carcéral, où les pulsions sont exacerbées, est particulièrement déstabilisante. Tout le monde la redoute tant elle est imprévisible et parfois extrême, comme un éclair déchirant un ciel serein. Les détenus eux-mêmes sont mal à l'aise avec ceux qu'ils appellent dans leur jargon les « fatigués ».

La folie dérange. Chaque détenu se dit que les conditions de l'enfermement peuvent le rendre plus vulnérable lui aussi, et il se pose l'inévitable question : « Et si je basculais de l'autre côté ? » La folie a ceci de commun avec la vieillesse qu'elle nous renvoie à nos propres angoisses, à l'image insupportable de la déchéance physique et morale d'autrui, mais aussi de la sienne propre.

Un matin, un officier me signale par téléphone que le détenu X a été vu au travers de l'œilleton de sa cellule en train de parler avec son téléviseur. Son visage et ses mains ruissellent de sang. Je descends en détention voir de quoi il retourne. Le détenu X n'a jamais fait preuve de violence, en tout cas dans un établissement pénitentiaire. Il est suivi pour des délires fréquents, mais il semblait stabilisé grâce à un lourd traitement neuroleptique. Toutefois, chaque détenu dispose de la liberté de se soigner ou non, même en prison. Celui-ci n'aurait apparemment pas pris son traitement depuis plusieurs jours, ce qui l'expose évidemment à un retour violent mais prévisible des hallucinations et du délire. Il a été condamné à la réclusion criminelle à perpétuité, assortie d'une peine de sûreté de trente ans, après avoir été reconnu coupable d'avoir enlevé, séquestré, violé et tué une jeune femme, puis d'avoir brûlé et mutilé son cadavre avec deux autres complices. L'affaire avait en son temps horrifié toute la région, dans laquelle les trois tueurs exerçaient la profession de militaires dans l'armée de l'air.

Le problème de X tient à la nature mystique de son délire et à la violence des hallucinations dont il est victime. Il est sujet à des hallucinations auditives, visuelles, et déclare même être touché par les personnes qu'il voit surgir dans sa cellule. Les cas d'hallucinations kinesthésiques sont assez rares ; ils témoignent d'un délire particulièrement complexe. Il arrive à X de voir sa télé s'allumer toute seule et de distinguer sur l'écran des visages horribles de suppliciés ou d'êtres démoniaques. Des formes humaines grimaçantes apparaissent ensuite devant lui et le scrutent, malgré des cavités oculaires vides. Les créatures s'approchent enfin de lui, le désignent du doigt, puis lui posent la main sur l'épaule jusqu'à ce qu'il hurle. Il ferme les yeux et, lorsqu'il les rouvre, l'apparition accusatrice a disparu.

Lors de mon entrée dans la cellule (toujours cette odeur de sang qui place mes sens en alerte), j'applique la règle basique du premier contact humain : je lui dis bonjour en essayant de ne pas fixer le sang qui coule abondamment de part et d'autre de son nez et de son front. J'essaie aussi de ne pas prêter une trop grande attention à mes chaussures, qui pataugent dans le sang. Je glisse et me réfugie dans un coin de la pièce où le sol est un peu moins souillé. J'adopte une gestuelle neutre afin qu'elle ne soit pas interprétée par lui comme un signe d'agressivité. Je sais que, avec ce type d'individu, le langage verbal n'est pas le seul moyen de communication. Le ton de la voix, les gestes, la manière de regarder sont aussi d'une importance stratégique. Je dois apparaître le plus neutre et le plus inoffensif possible. Mon interlocuteur est certes en souffrance, mais je dois penser à ma sécurité.

X est calme, il s'adresse avec insistance à son poste de télévision, lequel, bien entendu, est éteint. À ma demande, les surveillants referment partiellement la porte de la cellule derrière moi pour me laisser seul avec lui. Je sais qu'ils restent vigilants et pourront intervenir au moindre problème. Le détenu semble souffrir profondément et se trouve dans un état de saleté repoussante. La fenêtre de sa cellule est grande ouverte, un froid mordant me fait frissonner. Un dialogue surréaliste s'instaure entre lui et moi :

« Bonjour, on m'a signalé que vous saigniez du visage, alors je viens voir ce qui se passe. Les surveillants s'inquiètent de votre état, ils pensent que vous vous êtes blessé. Je vois que vous saignez beaucoup…

– Bonjour… Tout va bien, je viens juste de me faire un tatouage sur le front. Et puis, j'avais froid ! C'est parce que j'ai froid que je laisse le sang couler, ça fait chaud sur mon visage, c'est bien. En plus, en me coupant, j'espère que ça va faire sortir tout le pus que j'ai dans le corps. »

Il se retourne et continue de parler au poste de télévision, comme si je n'étais pas là. Il grelotte et essuie régulièrement son front ensanglanté et ses mains sur son pull-over. Je reprends l'initiative du dialogue :

« Vous savez, c'est l'hiver, il fait très froid, je pense que vous devriez peut-être fermer la fenêtre… »

X part dans un éclat de rire qui m'écorche les oreilles :

« Ouais, j'ai tout le temps froid dans votre putain de centrale ! Le sang chaud qui coule sur mon visage… Eh bien, ça me réchauffe… En plus, ça fait trop longtemps qu'il me pourrit la vie, alors j'ai tatoué ma haine pour lui sur ma peau, à cet enculé, ce bâtard, ce fils de pute !

– Vous avez trop de sang sur le front et je ne vois pas ce que vous avez tatoué. Qui est le bâtard dont vous parlez ? Je voudrais bien comprendre. »

X frotte énergiquement sa manche sur son front. J'aperçois vaguement, au milieu des chairs éclatées, « MD », écrit à l'envers et en majuscules.

« Ça veut dire quoi, MD ? »

Il s'agite à quelques centimètres de mon nez. Je recule un peu. Il se calme et lance :

« C'est évident : “MD”, ça veut dire Mort à Dieu, ce fils de pute qui me nique la vie. Moi, je suis pour Satan, je suis son nouveau fils... C'est mon nouveau maître, il approuve ce que je viens de faire. Je vis en lui et il vit en moi.

– C'est donc à cause de cela que vous avez mis les lettres M et D à l'envers sur votre front ? C'est un signe sataniste ? »

Il se regarde dans le miroir mural de sa cellule et me rétorque :

« Non, c'est parce que je me suis tatoué en me regardant dans la glace. Mais Satan m'a dit que c'était mieux. Je le vois et je l'entends. D'ailleurs, regardez, il est dans la télé... Tenez, regardez, comme ça vous verrez que je ne suis pas fou. Vous le voyez maintenant ? Là, dans la télé ? Il vous parle ! »

À cet instant, je comprends que le détenu oscille entre colère et désespoir. Je ne dois surtout pas avancer plus loin dans sa cellule, pour ne pas me retrouver coincé au cas où il devinerait à mon visage que je ne vois rien sur l'écran de télévision. Il est des mots ou des intentions que le regard n'arrive pas à dissimuler. Le mien, malgré tous mes efforts, ne déroge pas à cette règle. Le détenu m'interpelle à nouveau avec virulence :

« Vous ne le voyez pas ? Regardez bien, écoutez ! Alors ? Vous entendez ? Tout le monde pense que je suis taré, mais vous entendez, maintenant, vous voyez et vous entendez ? C'est sa voix, c'est Satan. »

Je cherche à prendre des appuis stables sur mes jambes, mais mes pieds glissent sur le sol poisseux de sang. Si je dois sortir en urgence de la cellule, ça risque de me gêner dans mon élan. Je tente de trouver quelque chose à lui dire. Pas facile… Je me lance :

« Écoutez, X, la télé est éteinte, je ne sais pas si je vois et si j'entends la même chose que vous. [Surtout, ne pas le contredire.] Je crois que vous pourriez venir avec moi rencontrer à nouveau le médecin. Je suis désolé, mais il va falloir vous soigner à nouveau. Ce que vous voyez est sûrement inquiétant, mais ça peut partir si vous le décidez. »

Je recule un peu vers la porte de la cellule.

« Alors ça va recommencer ? Cette nuit, j'ai vu ma victime. Elle était là, au pied du lit, et me regardait. Elle avait les yeux brûlés, tout noirs, et elle me montrait du doigt. Ensuite, Satan est arrivé et il m'a sauvé. Il m'a regardé, il a ouvert la bouche et, au lieu de parler, il s'est transformé en eau et m'a envahi. Je suis tombé par terre, mais le sol était comme du ciment liquide. Le béton du sol s'est ensuite liquéfié, il m'a aspiré et je me suis noyé. J'avais mal, j'étouffais, puis je me suis mis à flotter dans l'air, mes pieds ne touchaient plus le sol de la cellule. Je me suis redressé et j'ai vomi Satan. Il m'a dit que je devais me laver avec mon sang, puis… il est parti. Je sais qu'il reviendra. »

Que dire ? J'essaie de rester évasif :

« Ce devait être un horrible cauchemar qui vous a réveillé en pleine nuit !

– Vous ne comprenez rien, c'était la réalité ! D'ailleurs, Satan est en train de me dire dans la télé qu'il fait exprès de ne pas être vu par vous, car vous êtes un incroyant ! »

Je pousse la porte de la cellule et sors en une fraction de seconde, au moment où X s'empare d'une lame de rasoir sanguinolente posée sur le rebord de son lavabo. Je sors précipitamment parce que je sais que si, dans son délire, X entend une voix lui demandant de me tuer parce que je représente un danger pour lui, il ne pourra pas lutter contre cette emprise… Je regarde au travers de l'œilleton et vois X porter la lame à son front et se lacérer à nouveau, lentement. Il s'arrête lorsque plus rien ne peut être découpé, lorsque la lame rencontre l'os.

La pulsion, cette fois-ci, est montée de façon visible, il valait mieux que j'évacue la cellule. Je pense que, une fois qu'il s'est retrouvé seul, la pulsion hétéro-agressive de X est devenue auto-agressive. Au lieu de m'agresser et de me « tailler », il a retourné cette pulsion contre lui. X sera rapidement vu par un psychiatre, une nouvelle fois. Quelques jours après cet épisode, il a tenté de se pendre et n'a dû la vie sauve qu'à la rapidité de l'intervention des personnels pénitentiaires, qui l'ont décroché en urgence et ont rétabli ses fonctions cardio-respiratoires par des massages cardiaques et une respiration artificielle.

Les criminels sous emprise

Combien de détenus ont-ils tué sous l'emprise de ces « voix » ou « forces » intérieures ? Ce sont les mêmes qui nous disent ensuite : « C'était plus fort que moi, j'étais comme possédé, mon corps ne répondait plus à ma volonté. Tout s'est passé comme si ma main était douée d'une vie qui lui était propre, elle tapait encore et encore, je ne pouvais plus rien contrôler ! »

Un de ceux qui m'ont tenu ce discours n'avait que 17 ans. Il avait tué une personne âgée de cinquante-neuf coups de couteau. Pour expliquer son geste, il avait déclaré aux policiers qu'elle lui avait « mal parlé » et qu'elle « puait de la gueule ». C'était un jeune homme frêle, presque albinos, empêtré dans une adolescence tourmentée. Il pleurait comme le gamin qu'il était malgré tout. Je me souviens de lui parce que, quelques jours après son incarcération, il semblait détaché de tout, sans affect ni émotion. Sa vie avait été très chaotique : père alcoolique qui lui avait infligé des sévices violents, mère suicidée… Un vrai destin merdique. C'était un petit bout de mec au regard glacé, que les experts psychiatres avaient diagnostiqué comme un probable futur tueur en série. Au cours de l'entretien d'expertise médico-psychologique ordonné par le juge d'instruction afin de déterminer s'il était en état d'aliénation mentale au moment du crime, il avait reconnu éprouver un véritable orgasme à chaque coup de couteau. Il fut condamné à 12 ans de prison, soit 144 mois, ce qui fait deux mois et demi (à peu près) par coup de couteau… Il était mineur au moment des faits. S'il avait été âgé de quelques mois de plus, il aurait vraisemblablement été condamné à la réclusion criminelle à perpétuité.

Comment voler au-dessus d'un nid de coucous sans se crasher ?

Pour en revenir au détenu X, force est de constater que je me suis retrouvé assez dépourvu d'arguments face à lui. Discuter avec des truands, des braqueurs, des pilleurs de coffre, des terroristes, je sais faire… pour la simple raison que ce sont des hommes sains d'esprit. Le dialogue avec eux est facile, bien plus que ce que le grand public imagine. Après tout, ce ne sont que des personnes qui ne font pas le même métier que nous et dont le rapport à la loi et à l'honnêteté est différent. Il m'est arrivé plus souvent qu'à l'accoutumée de passer des heures à discuter, avec des détenus, de cinéma, de sport, de littérature, voire des valeurs familiales…

L'important est de ne pas forcer cette parole, de la laisser venir. Certains détenus souhaiteront discuter tandis que d'autres resteront braqués sur le clivage gardien/gardé et se fermeront comme des huîtres. La grève totale de la parole est très rare, car nous vivons presque ensemble, et le personnel pénitentiaire intervient obligatoirement dans le quotidien des détenus, qu'il soit gai ou dramatique. Une rupture complète de dialogue est révélatrice soit d'une pathologie psychiatrique, soit de l'imminence d'un incident grave. La prison est un lieu de parole, car la parole y est pouvoir, influence, persuasion, pacification, compréhension, remède. La parole est notre outil de travail, et nous l'utilisons aussi bien comme une thérapie que comme une arme. Elle est garante de notre équilibre, et donc de la sécurité de tous.

Si le dialogue avec les personnes détenues ne me pose donc aucun problème, la conversation avec les « fous » me met mal à l'aise. Je suis directeur de prison et non psychiatre ou psychothérapeute. Les malades mentaux ont aussi un rapport différent avec la position de leur corps dans l'espace. En détention, lorsqu'on se parle entre individus sains d'esprit, chaque interlocuteur se tient à une certaine distance physique de l'autre. Celle-ci, évaluée à environ un mètre, est une marque implicite de civilité et d'intention pacifique. Lorsque cette distance vient à être modifiée, il y a tout lieu de craindre une intention intrusive, agressive, voire carrément violente. Cette règle vaut partout et pour tous, sauf avec les fous. Le malade mental est sur une autre longueur d'onde. Il s'approche très près pour dialoguer, peut adopter une gestuelle illogique, rire sans raison, toucher son interlocuteur. Or, dans le monde carcéral, détenus et personnels ne sont pas portés sur les méthodes de communication tactiles, à l'exception des contacts violents ou des opérations de maintien de l'ordre.

La violence entre détenus ayant des troubles du comportement peut dépasser l'imagination : certains sont allés jusqu'au meurtre, accompagné de sévices et parfois précédé ou prolongé par des actes de barbarie et de cannibalisme. Ce fut le cas à la maison centrale de Saint-Maur, où un détenu délirant en a tué un autre avant de lui dévorer la cervelle, ou encore à la maison d'arrêt de Rouen, où un détenu a été tué puis s'est fait dévorer un morceau de poumon par son agresseur. Enfin, en 2009, deux détenus de la maison centrale de

Lannemezan en ont tué un autre en le poignardant, puis en essayant de le décapiter.

Quel avenir pour la « prison des fous » ?

On peut tirer des histoires précédentes une conclusion provisoire : la folie est comme la prison, elle peut survenir brutalement dans un parcours de vie. Un des défis majeurs que les prisons françaises devront relever à l'avenir sera de s'adapter à cet afflux massif de détenus perturbés, présentant de graves troubles du comportement et de la personnalité. Je n'exagère pas en affirmant qu'aujourd'hui les prisons sont devenues les déversoirs des hôpitaux psychiatriques. Les détenus « normaux » eux-mêmes exigent d'être placés dans des quartiers différents de ceux où se trouvent les « fatigués ».

Face à cette situation, un audit sanitaire a été mené en 2004. Ses conclusions sur l'état de santé psychiatrique de la population carcérale furent sans appel : bon nombre de détenus sont atteints de troubles psychiatriques ou de troubles de la personnalité et du comportement, ce que l'on appelle les « états limites ». À première vue, on pense généralement que les « fous » criminels doivent être internés dans des hôpitaux psychiatriques. La réalité est en fait un peu plus complexe que cela. La psychiatrie actuelle a tendance à soigner en ambulatoire ou sur de courts séjours, plutôt que de garder des malades à vie, comme c'est le cas dans les quatre unités pour malades difficiles (UMD) de France, qui sont de véritables hôpitaux psychiatriques fermés et sécurisés.

Plus en amont du problème, mettons-nous à la place des magistrats instructeurs qui, face à un acte fou et criminel, doivent veiller à préserver l'ordre public, mais aussi prendre en charge la douleur de la famille de la victime. Comment expliquer aux proches de la jeune fille séquestrée, torturée et assassinée que son bourreau ira dans un asile psychiatrique et pas en prison ? D'un strict point de vue légal, aux termes de l'article 122-1 du code pénal, placer cet individu en milieu psychiatrique équivaut à dire qu'il n'est pas pénalement responsable de ce crime atroce, puisque son « discernement » était « aboli » au moment des faits. Alors ? Que dire aux proches ? Que le tueur fou n'était pas responsable de ses actes au moment des faits et qu'il passera les prochaines décennies dans un hôpital, ou bien qu'il est coupable d'un meurtre avec actes de barbarie et qu'il encourt la réclusion criminelle à perpétuité ?

De son côté, l'administration pénitentiaire se prépare à recevoir de plus en plus de malades mentaux et de grands psychopathes violents. Nous sommes conscients que notre administration s'adaptera à cela en multipliant le nombre d'unités hospitalières spécialement aménagées (UHSA), dont la première a ouvert en mai 2010 à Lyon. Au-delà de ces structures hybrides, mi-carcérales, mi-hospitalières, je pense qu'il conviendra également de créer des quartiers de détention exclusivement réservés aux détenus pathologiquement violents, ceux que les troubles de la personnalité ou les troubles mentaux rendent inadaptés à la vie carcérale ordinaire. Tout le monde y trouvera son compte : la société, les personnels pénitentiaires, mais aussi les détenus eux-mêmes, car n'oublions pas qu'eux aussi doivent vivre avec ces malades mentaux 24 heures sur 24. D'autres pays européens le font, pourquoi pas nous ?

CHAPITRE 5

Septembres noirs

La prison est un lieu de violences. Mais, depuis quelques années, certains délinquants ont évolué vers une sorte d'hyperviolence qui peut exploser tout particulièrement dans les prisons de haute sécurité, les maisons centrales. Ces événements sont souvent dus à l'influence de détenus membres des gangs criminalisés issus des banlieues difficiles, de ceux présentant de lourds profils psychopathiques ou des troubles du comportement, et des malades mentaux. Mutineries, incendies volontaires, prises d'otages font régulièrement la une des médias.

PREMIÈRE PARTIE
Maison centrale de Clairvaux, 21-22 septembre 1971

À la mémoire du surveillant Guy Girardot
et de l'infirmière Nicole Comte.

Plus que toute autre prison, la maison centrale de Clairvaux porte à l'intérieur de ses murs les traces d'une violence paroxystique. Affecté à la direction de l'administration pénitentiaire, j'ai consacré un peu de temps à étudier le déroulement précis de ce que l'on a pris l'habitude d'appeler l'« affaire Buffet-Bontemps ». Beaucoup de choses inexactes ou approximatives ont été dites sur cette première « tuerie » en milieu carcéral. J'ai donc exhumé d'un sous-sol humide les dossiers d'archives de ces deux détenus afin de reconstituer toute leur histoire criminelle, depuis le moment de leur prise d'otages jusqu'à leur dernier jour, celui de leur exécution dans la cour de la maison d'arrêt de la Santé, à Paris, en novembre 1972. Par ailleurs, au cours de mon cursus en criminologie et en victimologie en 2004, j'ai rédigé une étude systémique sur le comportement des détenus participant à une prise d'otages. La fuite en avant meurtrière de Buffet et Bontemps apparaît, d'un point de vue criminologique et psychopathologique, comme un cas d'école.

La prise d'otages

Le 21 septembre 1971, vers 7 h 45, deux détenus se rendent à l'infirmerie, où ils ont pris rendez-vous. Deux criminels endurcis et violents, condamnés à de lourdes peines, deux récidivistes des tentatives d'évasion. Buffet et Bontemps ont servi dans des unités de combat de l'armée française : le premier comme légionnaire en Indochine, le second comme parachutiste sous les ordres du général Massu, durant la guerre d'Algérie. Ils ont ensuite été condamnés à de très longues peines pour des faits criminels commis après leur retour à la vie civile. Violents et asociaux, leur pronostic de « réadaptabilité » sociale est particulièrement pessimiste.

À peine parvenus dans l'infirmerie, les deux malfaiteurs sortent chacun un poignard de fabrication artisanale, dissimulé sous leurs vêtements. Ils prennent en otages le surveillant en poste au service médical, Guy Girardot, et l'infirmière Nicole Comte. Ils se barricadent dans les locaux de l'infirmerie, où se trouvent également six détenus malades et trois autres qui effectuent des travaux de nettoyage. Ces neuf détenus sont enfermés dans des cellules. Buffet et Bontemps utilisent le téléphone interne pour entrer en contact avec le directeur de la maison centrale. Lorsqu'ils l'obtiennent au bout du fil, ils exigent de parler au procureur de la République.

Quelques instants plus tard, le magistrat fait son entrée dans la prison, accompagné de l'ensemble des autorités locales : sous-préfet, officiers de gendarmerie, etc. Dans la matinée, ils sont rejoints par le directeur régional des services pénitentiaires de Dijon. De laborieuses discussions s'engagent. Les deux forcenés exigent la remise de trois pistolets semi-automatiques MAC 50 ainsi que d'un pistolet-mitrailleur MAT 49. Ce matériel leur est familier car en dotation dans l'armée, ainsi que dans la police et l'administration pénitentiaire. Ils réclament en outre 250 cartouches de calibre 9 millimètres, puis exigent la mise à disposition de deux voitures équipées d'une radio. Le procureur et le directeur régional parviennent à gagner du temps en répondant qu'ils doivent en référer au garde des Sceaux, ministre de la Justice.

Au fil des heures, la santé des otages suscite une inquiétude croissante. Si l'infirmière semble encore vivante, les autorités n'ont pas de preuve de vie du surveillant. Les ravisseurs interrompent la discussion vers 18 heures et adoptent un ton plus menaçant. Si leurs exigences ne sont pas satisfaites, ils vont « faire un carnage » et déclarent ne plus rien avoir à perdre, étant dans l'état d'esprit de « kamikazes ». Ces menaces sont prises au sérieux par les autorités, qui connaissent les antécédents des forcenés. Claude Buffet présente une extrême dangerosité. Le psychiatre qui l'a examiné conclut ainsi son expertise : « Claude Buffet est intelligent, exempt d'anomalie mentale, mais dangereux au sens criminologique du terme en raison d'un caractère paranoïaque nuancé d'une perversité maligne, non dénué de virtualité vindicative. Il est très médiocrement réadaptable, accessible à la sanction pénale, et ne relève d'aucune thérapeutique psychiatrique. »

Comme il est exclu de remettre des armes et des munitions aux preneurs d'otages, toute négociation, toute offre de transaction semble vouée à l'échec. Impossible de ruser en leur fournissant des armes neutralisées par l'enlèvement du mécanisme de percuteur, en raison de leur expérience militaire : ils ont précisé que toute remise de matériel défectueux entraînerait l'exécution immédiate d'un otage.

Donner l'assaut pour sauver les otages ?

Buffet et Bontemps prennent toutes leurs précautions pour se soustraire à d'éventuels tirs des forces de l'ordre : ils ne s'approchent jamais des fenêtres, qu'ils obstruent avec divers objets et du tissu. La configuration du bâtiment dans lequel se situe l'infirmerie ne permet pas une intervention discrète. Il faudrait utiliser des explosifs pour faire irruption dans le local où sont retenus les otages. Une telle opération exige des préparatifs, qui ne pourront être effectués que dans l'obscurité de la nuit. Des gendarmes posent alors, silencieusement, plusieurs charges sur la porte d'accès à l'infirmerie.

À 4 heures du matin, le 22 septembre 1971, le directeur de l'administration pénitentiaire de l'époque ordonne le déclenchement de l'opération. Les gendarmes investissent l'infirmerie après avoir fait sauter les explosifs. Même si leur entraînement et leur rapidité d'action n'ont rien de comparable avec l'actuel GIGN, trois gendarmes armés parviennent à entrer dans le service médical. Le commissaire de police les suit et découvre les cadavres de l'infirmière, fraîchement égorgée, et du surveillant, qui avait manifestement été assassiné dès le début de la prise d'otages. Le médecin et le chirurgien de l'antenne chirurgicale réquisitionnée par le sous-préfet ne peuvent plus rien pour les victimes. Les détenus sont maîtrisés énergiquement, mais sans qu'un seul coup de feu soit tiré. Après avoir été soignés à l'hôpital de Troyes, ils sont transférés dans des maisons d'arrêt en attente de leur jugement aux assises. Buffet et Bontemps furent condamnés à mort et exécutés. Le premier a pris toute la responsabilité de ce carnage. Il reste sans contestation possible l'organisateur de cette prise d'otages sanglante.

Suicide by cop

D'un point de vue comportemental et psychopathologique, Buffet est intéressant à étudier, car c'est un des premiers cas de détenu forcené à la recherche d'un *suicide by cop* lors d'une prise d'otages pénitentiaire. Lourdement condamné, il n'avait pas eu le courage de se suicider. Il avait donc cherché en organisant cette opération, dont il savait dès le départ qu'elle le conduirait à exécuter ses otages, à se faire abattre par les forces de l'ordre. Le *suicide by cop* est aussi appelé « suicide par procuration » par les négociateurs de crise. Il est symptomatique d'une personnalité narcissique mais déprimée. Buffet appartenait à cette catégorie de forcenés particulièrement dangereux – il voulait mourir en laissant son nom dans l'histoire du crime.

Il le reconnaît d'ailleurs dans une lettre datée du 30 octobre 1972 et adressée au président de la République, Georges Pompidou, dans laquelle il le supplie de ne pas écouter ses avocats, qui vont réclamer sa grâce. J'ai retrouvé cette lettre dans le dossier du détenu, rangé dans les archives de la direction de l'administration pénitentiaire. Buffet y réitère son envie de mourir et écrit : « Je suis un homme très dangereux, je me connais mieux que quiconque. Je vous ai adressé plusieurs lettres où je vous fais part de ma mentalité vis-à-vis des hommes… Si vous me graciez au boniment de la plaidoirie des avocats, vous ferez alors la plus grande bêtise de votre existence… » Et il ajoute, sans ambiguïté aucune : « Je ne suis pas une personne à me suicider moi-même… “Tuer pour être suicidé”, voilà ma morale… J’ai attendu trop longtemps et je vous demande d’accepter ce que ma conscience libre vous supplie de m’accorder. » Ce qu’il voulait qu’on lui accorde, c’était la peine capitale, l’exécution, la guillotine.

Durant tout le procès aux assises, Buffet prendra tous les torts sur lui et s’accusera des deux meurtres, répétant que Bontemps n’avait tué personne. Pourtant, le jour de son exécution, il parlera avec le surveillant-chef de la prison de la Santé, chargé de le conduire à la guillotine. Sa dernière volonté fut de demander à être guillotiné après Bontemps afin de s’assurer que ce dernier serait « puni comme lui ». Quelques minutes avant de monter sur l’échafaud, Claude Buffet avouait à ce fameux surveillant-chef, père de l’un de mes anciens collaborateurs, que Bontemps était aussi coupable que lui. Ils furent guillotinés dans la cour d’honneur de la maison d’arrêt de Paris, la Santé, le 29 novembre 1972.

DEUXIÈME PARTIE

Maison centrale de Moulins, 8-9 septembre 1992

Une maison centrale est réservée aux individus condamnés à de très longues peines, ainsi qu'à des détenus présentant de très forts risques d'évasion, ceux que l'on appelle dans notre jargon les « cavaleurs ».

La mutinerie dont je vais vous parler a éclaté à la maison centrale de Moulins-Yzeure, dans l'Allier, les 8 et 9 septembre 1992. Ayant passé presque six ans en poste dans cette centrale, j'ai pu me rendre compte combien les incidents de 1992 avaient durablement marqué les esprits des personnels. C'est parce qu'à l'époque nous n'étions pas préparés à faire face à un incident de cette ampleur que j'ai commencé, dès l'année suivante, à me former à la gestion de crise au cours de stages au RAID, au GIGN, et d'études en victimologie et en criminologie à l'université ainsi qu'à l'Institut des hautes études de la sécurité intérieure.

En 1992, sur les 160 détenus de Moulins, 80 % sont condamnés à des peines supérieures à vingt ans, répartis entre réclusionnaires à la perpétuité et psychopathes agressifs. À cette époque, l'administration pénitentiaire n'a pas encore mené de réflexion d'envergure sur la gestion des détenus dangereux ni, surtout, sur celle des détenus condamnés à de longues et très longues peines. En maison centrale, les régimes de détention sont peu différenciés et ne s'adaptent pas à la personnalité de chacun.

Les mutineries qui ont secoué notre administration depuis la fin des années 1980 semblent toutes avoir un point commun. Il ne s'agit plus de mutineries au cours desquelles des meneurs ont délibérément provoqué un incident afin de faire valoir leurs revendications auprès des autorités. Le plus souvent, il s'agit d'émeutes anarchiques, avec prises d'otages, qui ont échappé au contrôle des organisateurs. Ces derniers nourrissaient peut-être des objectifs subversifs ou politiques, mais ils ont toujours été dépassés par l'ampleur et la violence des événements qu'ils avaient initiés.

Le chaos observé au cours d'une mutinerie pénitentiaire procède d'un violent « ras-le-bol » de l'enfermement et de l'isolement carcéral et est déclenché par un événement jugé intolérable par les détenus – qu'il s'agisse de leur opinion propre ou du résultat d'une manipulation par les leaders de la contestation. Dans un secteur de la détention, voire dans toute la prison, les mutins peuvent se livrer à des pillages, des incendies, des destructions. Des règlements de comptes pourront avoir lieu entre détenus, et parfois aussi concerner des surveillants capturés pendant l'émeute. Il arrive que ces exactions comportent des violences ou des sévices graves sur les otages pénitentiaires. On a ainsi pu noter ponctuellement des simulacres de sodomie ou d'exécution sommaire d'un otage, des procédés infamants ou humiliants, comme l'obligation de se dénuder, des menaces d'émasculation, l'obligation de s'allonger au sol et de se laisser uriner dessus. Les personnels pénitentiaires retenus en otages parlent peu de ces exactions avec leurs collègues de travail et les réservent à leurs thérapeutes. Il n'est pas facile pour eux d'évoquer dans le cadre professionnel cette expérience humiliante de soumission et de sévices physiques et psychologiques.

La description de la mutinerie de Moulins telle que je vous la livre repose sur des éléments que j'ai recueillis personnellement de plusieurs manières. Ces informations ont été compilées lors de « débriefings » avec des personnels impliqués dans la crise comme gradés ou comme otages, lors d'entretiens avec des militaires du GIGN présents sur les lieux, avec trois détenus qui ont assisté de l'intérieur à ces événements, ainsi qu'avec le procureur de la République de Moulins, qui a joué un rôle déterminant dans la négociation.

L'alternative du bouton rouge

En ce 7 septembre 1992, vers la fin de l'après-midi, deux détenus sortent de la salle de musculation et se dirigent vers un poste protégé dans lequel se trouve un surveillant. Celui-ci est chargé de réguler et de contrôler le passage des détenus à partir de son pupitre électrifié, derrière des vitres blindées. Les deux hommes sortent de leur blouson les haltères métalliques qu'ils viennent de voler dans la salle de musculation. Ils s'acharnent de toutes leurs forces sur les larges plaques de vitrage renforcé du poste de surveillance. À leur grande surprise, les vitres résistent à leurs premiers coups. Après de longues secondes d'efforts violents et répétés, elles cèdent en partie. Le verre s'effrite en surface, mais ne se brise pas. Les détenus ne parviennent donc pas à se rendre maîtres du poste de contrôle. Après que l'alerte générale a été donnée, des surveillants accourent en renfort. Les deux détenus sont placés au quartier disciplinaire dans des conditions pour le moins chaotiques. Précisons que, à l'époque, l'administration pénitentiaire n'a pas encore finalisé ses réflexions sur les techniques d'intervention et de maintien de l'ordre.

La détention de la maison centrale est parcourue par un souffle de tension extrême. Dans ces moments-là, l'énergie de la colère et de la violence accumulée de part et d'autre est telle que l'on pourrait presque la toucher. L'intervention du personnel pénitentiaire et la mise en cellule de punition des deux détenus, considérés par leurs pairs comme des leaders, génèrent une atmosphère pesante et quasi insurrectionnelle. La nuit suivante est silencieuse, trop silencieuse au goût des surveillants qui sont de service – un silence annonçant des lendemains qui hurlent. Les surveillants qui prennent leur service le matin sont convaincus qu'un incident grave va se produire. Reste à savoir quand.

Le 8 septembre, vers 16 h 30, après la promenade, deux détenus qui remontent dans leur cellule agressent violemment un surveillant. Munis d'une barre métallique, ils s'acharnent sur l'agent pénitentiaire et lui subtilisent son trousseau de clefs. Aidés par un comparse, ils attaquent à nouveau le poste de surveillance qui a été défoncé la veille. Les mutins prennent un deuxième surveillant en otage et se dirigent vers un autre poste de surveillance, qui commande toutes les portes et grilles de circulation entre les différents étages et pourrait leur permettre de se rendre maîtres de l'établissement. Là, devant le poste hermétiquement clos, ils intiment l'ordre au surveillant qui l'occupe de sortir et de leur remettre son trousseau de clefs. Ce dernier refuse. Pour le faire céder, ils amènent devant lui un de leurs otages et lui fixent un ultimatum : soit il ouvre, soit ils égorgent son collègue.

Le détenu chargé de l'égorgement est condamné à la réclusion criminelle à perpétuité : que risque-t-il de plus pour un meurtre supplémentaire ? Pas grand-chose, à part une nouvelle peine de réclusion criminelle à perpétuité. L'otage est plaqué contre le poste de surveillance, son visage collé contre la vitre. Le ravisseur fait descendre un couteau vers sa carotide. Le surveillant qui tient le poste protégé sait parfaitement que, s'il ouvre, les mutins vont se rendre maîtres de la détention et que certains en profiteront sûrement pour essayer de s'évader. C'est une lourde responsabilité qui pèse sur les épaules d'un seul homme, un tragique « qui perd gagne ». Il a le choix entre deux mauvaises solutions.

En face de lui, derrière les trois centimètres de verre antichoc, l'otage qui le fixe est un ami d'enfance, en plus d'être un collègue. Ils ont été ensemble de l'école maternelle jusqu'au lycée. Il connaît ses parents, mais aussi sa femme et ses trois enfants : deux filles et un garçon. Il tente de se persuader que le détenu ne mettra pas sa menace à exécution, mais… si jamais il le faisait ? Il ne pourra jamais se remettre d'avoir vu le sang gicler contre le verre blindé qui le protège désormais d'une façon bien dérisoire, il le sait. Acculé, il prend une décision. Je n'aurais pour rien au monde voulu me trouver à sa place.

Son doigt se rapproche de ce « putain de bouton rouge », et il ouvre. Il est capturé à son tour. Il savait que cela allait finir ainsi à la seconde où il avait décidé d'ouvrir son poste de surveillance. Comme les autres otages, il est soumis à une roulette russe permanente, à la merci de quelques psychopathes caractériels dont certains ont fait du meurtre une véritable jouissance. Ces surveillants terrorisés, impuissants, soumis, constituent pour les deux mutins les plus perturbés une véritable gourmandise, une récompense, un trophée.

Certains otages, particulièrement malmenés, savent que leur vie est gravement menacée. Ils se repassent le film des incidents qui les ont opposés les jours précédents à ces détenus afin de deviner qui va « y passer » en premier, qui va subir en priorité la rancune, la colère ou la soif de vengeance des psychopathes. Un nouveau surveillant, qui s'est retranché dans le quartier d'activités socio-éducatives, est agressé au visage à coups de barre métallique. Il est séquestré dans une salle par un détenu qui le tient en respect avec une lame sous la gorge. Il se souviendra avant tout de la brûlure de la lame du poignard, et surtout des battements du cœur de son ravisseur, collé contre son dos. Un à un, presque tous les surveillants sont capturés, agressés et attachés. Vingt-cinq otages sont ainsi retenus.

Tout ce qui peut être détruit est cassé, pulvérisé, défoncé, plié : cellules, tables, chaises, téléviseurs, frigos, toilettes, portes, salles d'activités… jusqu'à un laboratoire photo ultramoderne qui avait été mis à la disposition des détenus. Des incendies, d'abord sporadiques, se propagent rapidement. L'eau qui s'écoule des tuyauteries arrachées ruisselle sur les circuits électriques mis à nu par les violences émeutières. Elle s'infiltre dans les armoires techniques et les gaines d'électricité. Des explosions électriques projettent des gerbes d'étincelles, crépitant à la ronde. Dans cette atmosphère de chaos, les émeutiers investissent enfin le quartier disciplinaire pour libérer leurs deux codétenus, placés la veille en cellule de punition pour avoir défoncé le poste de surveillance.

Dès le début, 15 détenus organisent la mutinerie, cassent tout sur leur passage, mettent le feu dans chaque pièce. Les autres détenus se sont regroupés sur le terrain de sport de la prison pour éviter d'être impliqués dans l'émeute. Ils attendent patiemment que l'incident cesse. Certains essaieront même de calmer ou de raisonner les mutins, mais en vain. La plupart des détenus qui se sont mis à l'abri sur le terrain de sport savent que, une fois ce chaos fini, ils seront 160 à être punis pour les actes commis par une quinzaine. Ils savent que, après ce carnage, ils seront tous transférés vers d'autres prisons, sans doute plus éloignées de leurs familles que la centrale de Moulins. Ils n'ont pas tort, puisque, à la suite de ces événements, l'établissement sera fermé pendant trois ans…

Parmi les 25 otages, on compte des surveillants, des gradés, des personnels de l'enseignement technique, et même la représentante d'Amnesty International, présente dans la prison à ce moment-là. Le Groupe d'intervention de la gendarmerie nationale (GIGN) est appelé en renfort, et plusieurs escadrons de gendarmerie mobile convergent vers l'établissement, à la demande du préfet et des autorités pénitentiaires. Au total, près de 200 militaires de la gendarmerie nationale se dirigent vers la maison centrale. La presse est déjà là, en quête de la moindre information. Les journalistes tentent de se frayer un chemin parmi la foule des curieux venus contempler la colonne de fumée noire, visible à des kilomètres à la ronde, un peu comme un volcan en éruption. Les familles des otages arrivent pour tenter d'avoir des nouvelles de leurs proches ; des dizaines de surveillants en vacances, en repos ou travaillant dans les autres établissements pénitentiaires du département viennent, en geste de solidarité, proposer leur aide aux secours et à la direction de la maison centrale.

Une nuit d'angoisse s'annonce pour les otages des mutins. Ils seront menacés, insultés, maltraités, humiliés, ligotés, agressés. Une fois la nuit tombée, les personnels pénitentiaires, et principalement les surveillants, paient un lourd tribut à leur statut. Attachés les uns aux autres, dans le noir, ils sont roués de coups. Lors du débriefing qui suivra leur libération, ils décriront tous, presque avec les mêmes mots, ces moments d'effroi, l'odeur âcre de l'incendie, l'espoir quand ils entendaient l'hélicoptère du GIGN survoler la prison.

Dans l'hélicoptère, l'« élément précurseur » du GIGN, l'équipe (composée d'un officier, d'un négociateur, d'un technicien et du responsable tactique) effectue quelques vols stationnaires au-dessus de la maison centrale afin de procéder à des reconnaissances visuelles. Les gendarmes aperçoivent plusieurs détenus sur les toits, l'établissement est en flammes et une épaisse colonne de fumée empêche le pilote de s'approcher de trop près. Il faut établir un périmètre de sécurité pour que les curieux restent à distance et évitent de gêner les forces de l'ordre. Lors d'un nouveau passage, l'hélicoptère de la gendarmerie dépose quatre tireurs d'élite sur le toit de chaque mirador afin de boucler la zone et d'empêcher une évasion collective. Ce qui reste à sauver devra l'être coûte que coûte et par la force des armes. Les snipers descendent en rappel les uns après les autres sur les quatre miradors. Ils s'allongent ensuite à plat ventre, installent leurs fusils FRF 2 pour prendre leurs visées et ouvrir le feu sur d'éventuels candidats à l'évasion, en renfort des surveillants, déjà en joue à la fenêtre des miradors avec leurs fusils automatiques.

« Nous étions comme des zombies »

Certains otages, après leur libération, parleront de cette « impression fantasmagorique qui régnait », la fumée, les flammes, les explosions électriques çà et là, l'eau ruisselant des tuyauteries arrachées, les odeurs de transpiration, de bois, de plastique et de métal brûlés, la chaleur causée par l'incendie. Un otage déclarera lors du débriefing : « Attachés les uns aux autres, nous pensions que ça allait être un carnage. S'ils en tuent un, on va tous y passer, le sang appelle le sang. […] C'était un moment sans penser, un moment où on ne ressentait plus rien. J'ai cru que j'étais mort. On était comme des zombies. Je ne pouvais plus fixer mes pensées sur autre chose que les couteaux que les mutins avaient dans les mains, mais aussi la peur et la certitude qu'on allait mourir égorgés [...]. Ensuite, j'ai vu un détenu dans un état de colère irraisonnée qui a détruit sa guitare et tout ce qu'il possédait dans sa cellule, comme s'il ne réalisait plus que tout cela, cette folie, allait bien se terminer et qu'il aurait tout perdu par sa faute. Si ce détenu était capable de brûler les objets auxquels il tenait le plus, comme sa guitare ou le courrier de sa famille, j'avais peur qu'il n'hésite pas à nous tuer ensuite. [...] Qu'avait-il encore à perdre dès lors qu'il venait de tout détruire ? »

La destruction de la centrale par les détenus se poursuit. Après le laboratoire photographique, les mutins incendient le local où sont entreposés les téléviseurs disponibles à la location. Les écrans des ordinateurs des salles de cours et les tubes cathodiques des téléviseurs implosent en cascade sous l'effet de la chaleur. L'eau qui jaillit des canalisations arrachées ou des cuvettes de W.-C. détruites par les détenus inonde tous les étages et provoque des courts-circuits. Le troisième étage est la proie des flammes, et la chaleur qui se dégage du brasier fait fondre jusqu'à certaines pièces métalliques...

Chasse à l'homme

Les mutins se rendent alors compte qu'il reste un surveillant barricadé dans ce que les personnels pénitentiaires appellent une « échauguette », un poste de guet au-dessus des cours de promenade. Ils s'emploient à en défoncer la lourde porte métallique.

L'agent prévient par interphone le poste central de l'état critique de sa situation. Une équipe de gradés monte sur les toits, équipés de pistolets automatiques et d'une corde, juste au-dessus de l'endroit où le surveillant est retranché. Les coups redoublent contre la porte métallique, qui commence à se dégonder sérieusement. Sur le toit, l'équipe arrivée en renfort jette la corde au surveillant, qui s'en saisit en se penchant par la fenêtre au moment même où la porte blindée cède sous l'assaut des mutins. Le surveillant, dans un ultime réflexe de survie, se jette par la fenêtre en se cramponnant de toutes ses forces à la corde. Malheureusement, un détenu qui a surgi dans le poste de surveillance l'attrape par un pied. L'agent se débat et hurle à l'attention de ses collègues sur le toit : « Tirez ! Tirez plus fort, ils me tiennent ! » Finalement, il ne perdra qu'une chaussure dans l'opération…

Grâce aux trousseaux de clefs qu'ils ont pris à leurs otages, les détenus peuvent ouvrir les portes métalliques menant vers la sortie. Il leur restera ensuite trois portes blindées à franchir pour tenter une évasion collective. Et puis il y a l'infirmerie, un endroit que les mutins apprécient beaucoup, car ils y trouvent des substances psycho-actives qui, mélangées à l'alcool, donnent des cocktails détonants.

Dans la cage aux fauves

Les personnels techniques de la prison soudent au chalumeau oxhydrique toutes les portes ouvrant vers la détention afin d'éviter que les émeutiers n'investissent les locaux administratifs et l'infirmerie et ne se rapprochent de la sortie. Malgré les coups des détenus déchaînés, la première porte métallique est enfin soudée. L'ampleur de l'incendie a joué en faveur des agents techniques. Les détenus eux-mêmes sont incommodés, ralentis par les flammes et les fumées épaisses.

L'air, un mélange de fumée d'incendie et de métal porté en fusion par les chalumeaux, est irrespirable. Une fois les portes soudées, on sait que le bâtiment administratif est sauvé, que la mutinerie ne s'étendra pas davantage, et enfin qu'aucun détenu ne pourra s'évader de ce cube de béton désormais scellé comme une tombe. L'incident est géographiquement circonscrit aux bâtiments de détention et aux ateliers. Mais à quel prix ?

Personne ne sait où se trouvent les otages, enfermés dans la cage aux fauves... Le visage fermé, chacun reste silencieux : pour sauver la structure et la prison, on vient d'emmurer vivants des collègues. Les agents techniques qui ont terminé leur travail de soudure ont du mal à quitter cette zone, car, derrière les portes, ils entendent les cris de leurs collègues et amis, mêlés à ceux des détenus. Ils sont écrasés par la culpabilité de s'en être sortis, alors qu'à quelques mètres d'autres n'ont pas eu cette chance.

Les otages sont régulièrement déplacés de pièce en pièce pour que le GIGN, épaulé à présent par l'escadron parachutiste d'intervention de la gendarmerie nationale, l'EPIGN, ne puisse pas les repérer. Les mutins obstruent toutes les fenêtres pour se soustraire à d'éventuels tirs des snipers de la gendarmerie. La plupart d'entre eux ont déjà l'expérience de précédentes mutineries. Ils ont donc appris à déjouer la stratégie des groupes spécialisés dans l'intervention et le maintien de l'ordre. Ces spécialistes de la subversion agissent un peu comme des paramilitaires de combat en milieu clos ou menant une guérilla urbaine. Certains en ont profité pour se rendre dans les ateliers et y confectionner rapidement des armes. On retrouvera après la mutinerie des barres de métal sur lesquelles les détenus avaient soudé des clefs à molette de taille impressionnante. D'autres ont préféré s'équiper de barres métalliques rehaussées de véritables poignards aiguisés à la meuleuse électrique, de masses d'arme dignes de l'époque médiévale, de coutelas longs comme de petits sabres. L'imagination humaine n'a décidément pas de limites lorsqu'il s'agit de confectionner des armes. La direction de la maison centrale a conservé cet arsenal artisanal pour les sceptiques qui, n'ayant pas assisté à la mutinerie, ne se rendent pas compte de la violence déployée par les détenus ce jour-là. Dans un carton bien rangé dans l'armoire d'une salle de réunion se trouvent les restes un peu rouillés d'armes utilisées par des mutins lors d'une nuit de folie furieuse.

Négocier et marchander le prix d'une vie humaine

Le premier soir de l'émeute, vers 21 heures, le leader des mutins demande à remettre une lettre de revendications au préfet. Il discute par téléphone avec les négociateurs de la gendarmerie. Afin de s'assurer de la bonne volonté des détenus, les négociateurs du GIGN exigent en échange la libération de l'otage féminin et d'un surveillant gravement blessé. Les mutins acceptent et sont donc autorisés à exposer leurs revendications au procureur de la République. Ce dernier, fils d'un officier supérieur de gendarmerie, gagne rapidement la confiance et l'estime des militaires du GIGN. Grâce à son habileté, le procureur de Moulins, Christian M., jouera un rôle déterminant dans l'évolution de la crise.

Après cette libération d'otages, un psychopathe agressif, uniquement motivé par une violence aveugle, prend la tête des mutins. Tout dialogue devient alors impossible. Les détenus ne poursuivent plus qu'un seul but : casser, détruire, incendier. Parallèlement aux efforts des négociateurs, le groupe d'assaut se prépare. Les équipes d'intervention du GIGN et de l'EPIGN chargent leurs armes et se harnachent de leurs tenues d'assaut noir et bleu marine. Dans les couloirs du rez-de-chaussée de l'aile administrative de la maison centrale, des hommes casqués et cagoulés procèdent aux derniers réglages de leurs marqueurs laser d'aide à la visée ou de leurs lunettes de vision nocturne. Les familles des otages et les personnels pénitentiaires comprennent ce qui va se passer en voyant, avec inquiétude et espoir, les gendarmes d'élite s'apprêter à pénétrer dans la centrale en feu. Personne n'ose dire un mot.

Au fil des heures, le dispositif mis en place a stoppé la progression des mutins. Ces derniers ne cassent plus, mais c'est encore plus inquiétant : maintenant qu'il ne reste plus rien à détruire, leur haine va se retourner contre les otages.

Top action

Au petit matin, à 5 h 45, des informations alarmistes remontent au PC de crise : le meneur des détenus est sur le point d'exécuter un otage. Il se dirige vers le local où sont enfermés les surveillants, fermement décidé à en égorger un afin de démontrer sa détermination. Selon lui, les négociations ont trop duré. Certains de ses codétenus tentent malgré tout de l'en dissuader.

Le « top action » est donné au GIGN par le préfet. Sous la protection latérale de l'EPIGN, l'équipe d'intervention procède à un assaut délibéré sur la zone de rétention des otages. Les groupes d'intervention utilisent la technique de l'assaut d'urgence en cas d'atteinte immédiate à la vie de l'otage. Si les négociateurs ont pu dérouler leur stratégie, l'assaut répond à une tactique prédéfinie qu'on appelle l'assaut délibéré. Après l'ouverture en force de la porte blindée d'accès en détention, les membres du groupe d'assaut avancent dans les couloirs ravagés de la maison centrale. Leur progression est ralentie par les épaisses fumées et les débris hétéroclites jonchant le sol. Le port d'appareils de vision nocturne (AVN) facilite la progression dans l'obscurité presque totale. Quand ils comprennent que le GIGN est en train de procéder à un assaut en force, quelques otages crient pour signaler leur présence aux gendarmes. D'autres, physiquement et psychologiquement brisés par des heures de séquestration violente, par l'ignominie et les mauvais traitements infligés par certains ravisseurs, restent prostrés, en état de choc et de sidération mentale.

Les mutins sont rapidement repérés. Un premier détenu est neutralisé alors qu'il saute sur les otages, muni d'un couteau, afin de mettre à exécution ses menaces d'égorgement. Le gendarme qui le neutralise s'estime trop près pour faire feu sur lui : le risque d'atteindre les otages est trop grand. Il lui porte un violent coup de poing à la mâchoire et se brise dans le même mouvement tous les os des doigts. Le forcené est immobilisé et menotté face contre terre. Un gendarme récupère son poignard et le remet à l'officier de police judiciaire (OPJ) chargé de veiller à la légalité de l'opération ainsi qu'à la préparation des éléments de preuve qui permettront de faire comparaître les mutins devant la justice.

Un deuxième détenu mutin menace lui aussi la vie des otages et refuse d'obéir aux injonctions des gendarmes et de se « fixer » au sol. Alors qu'il se rapproche dangereusement des surveillants ligotés, un gendarme lui tire dessus au fusil à pompe. Grièvement blessé, le détenu est rapidement brancardé vers l'hôpital de Moulins.

À 7 h 45, la détention est fouillée intégralement, tous les mutins sont interpellés et tous les détenus transférés. La maison centrale rouvrira trois ans plus tard, reconstruite et davantage sécurisée.

La somme de toutes les agressivités

Voilà donc une mutinerie menée par deux détenus, vite débordés par une meute de psychopathes délirants ou violents. La mutinerie et la prise d'otages, qui devaient faire valoir des revendications sur les conditions de détention des condamnés à de longues peines, se sont transformées en chaos et en anarchie. Les leaders contestataires voulaient contrôler la prison, alors que les mutins qui prirent la situation en main voulaient uniquement la soumettre, la détruire et la brûler. Une mutinerie pénitentiaire est toujours une fin et non un moyen pour faire évoluer la politique pénitentiaire. La violence appelle toujours la violence. Cette volonté de destruction systématique sonne dès lors comme la destruction symbolique de l'autorité de la prison et de la justice en général.

À l'abri des regards et des caméras de vidéosurveillance détruites, les mutins retrouvent une forme paradoxale de liberté. L'impression d'anonymat et donc d'impunité, la pression émancipatrice du groupe accélèrent le basculement vers la violence collective. Les détenus peuvent soudain détruire la prison et ses surveillants et ont le pouvoir de vie et de mort sur ceux qui les gardaient.

Certains détenus, au cours de mutineries, frappent violemment ou torturent leurs otages pénitentiaires, leur urinent dessus, les déshabillent et simulent des atteintes sexuelles, leur font subir des simulacres d'égorgement ou d'éventration au couteau. Certains otages se sont retrouvés ceinturés d'explosifs. Personne n'évoque ces traitements inhumains et dégradants infligés par des détenus à leurs otages pénitentiaires, comme s'il s'agissait de science-fiction ou de secrets honteux. Les victimes elles-mêmes n'en parlent presque jamais, mais ces souvenirs sont enfouis, jusqu'à ce qu'ils remontent sous forme de stress chronique, de dépression, d'alcoolisme, de dépendance aux antidépresseurs, voire de suicide. Les dégâts psychologiques subis par les otages pénitentiaires s'apparentent aux syndromes post-traumatiques qu'on retrouve chez les victimes de guerre ou d'attentat. La confrontation brutale avec l'imminence de sa propre mort constitue l'origine de ce qu'on appelle l'effraction psychique, l'état de stress post-traumatique, qui conditionne la gravité des séquelles psychologiques à venir. Une fois la réaction d'effroi passée, l'otage va chercher à s'enfuir ou à échafauder des scénarios agressifs pour s'opposer à son ravisseur, pour lutter contre la culpabilité provoquée par sa passivité. Mais, quand ses résistances physiques et psychiques sont épuisées, il est tenté de collaborer avec son agresseur afin de limiter d'éventuelles agressions ou d'éviter une exécution. L'otage se dit que plus il collaborera avec l'agresseur, plus il aura de chances de survivre. Ce sont les premiers signes du syndrome de Stockholm, qui intervient d'autant plus tardivement que l'otage subit de mauvais traitements. La prétendue solidité psychologique d'un otage peut s'effondrer à tout instant, car l'expérience montre que le comportement des individus confrontés à une situation extrême est imprévisible.

Le leader et la foule : tel est pris qui croyait prendre

Deux catégories de détenus participent aux émeutes en milieu carcéral : d'un côté, les meneurs du mouvement ; de l'autre, les suiveurs. La tête et les bras, en somme. Les « leaders » jettent les bases d'une confrontation psychologique dont la finalité est la mutinerie. Les « exécutants » sont chargés des premières opérations de destruction et des violences physiques parce qu'ils sont des violents pathologiques, des malades psychiatriques ou des psychopathes agressifs. Mais les « leaders » n'ont une emprise sur les exécutants qu'au début du processus. La psychologie d'un groupe en colère n'est pas aussi élémentaire qu'on pourrait le croire.

Les « leaders » recrutent leurs complices en leur tenant un discours manichéen sur la prison et la justice. Tous les maux sont rejetés sans distinction sur l'administration pénitentiaire, la justice ou la société. Manipulateur et subversif, le détenu « leader » agit par goût du pouvoir et par haine de l'institution pénitentiaire et de l'autorité de l'État. Son emprise doit devenir telle qu'elle entraînera la destruction physique de la prison et donnera aux détenus le pouvoir de vie et de mort sur les surveillants pris en otages. Pourtant, après plusieurs heures de mutinerie, c'est le même détenu qui tentera d'y mettre fin et de trouver une sortie de crise… C'est l'éternelle histoire du pompier pyromane, que les directeurs d'établissement pénitentiaire connaissent si bien.

Le détenu « leader » assistera de manière passive mais jouissive à la destruction des bâtiments et des individus. Il sait que, pour citer Sun Tzu, « celui qui peut détruire une chose est maître de cette chose ». Mais il va avoir davantage besoin qu'il ne le pense de sa foule d'admirateurs, de complices et de protecteurs. Sans cette « cour », il n'est rien, et, seul, il est tout à fait incapable de construire « sa » mutinerie. Ses codétenus, à la moindre frustration, vont lui demander de devenir leur porte-parole, leur « négociateur » en quelque sorte. Le détenu « leader » a du charisme et manie bien le verbe. Il n'est pas pour autant un excellent négociateur, car il va essayer de faire céder l'administration pénitentiaire en lançant des menaces ou des ultimatums inacceptables. En cas de mutinerie, et dès que l'engrenage de la violence sera enclenché, le « leader » ne maîtrisera plus rien ni personne. On ne contrôle pas la violence aveugle.

Des hommes et des remparts

Dans *L'Art de la guerre*, Sun Tzu écrit que « ce ne sont pas les remparts qui protègent les hommes, mais les hommes qui protègent les remparts ». Ainsi, on pourra installer des caméras de vidéosurveillance, édifier de hauts murs équipés de dispositifs de détection sophistiqués : si les hommes qui surveillent l'établissement et ses occupants sont défaillants, alors la sûreté du système s'effondre. Comme dans une centrale nucléaire ou dans la protection armée d'une zone militarisée, la sûreté dépend *in fine* de la vigilance et des réflexes de quelques hommes. J'aime assez l'idée, que j'ai déjà évoquée, selon laquelle le principal point fort de l'administration réside dans le facteur humain, tout comme sa principale faiblesse, d'ailleurs… Pour qu'un système sécuritaire carcéral puisse se renforcer, il convient d'accepter qu'il y ait une infime place pour le risque, l'aléa. En clair, il n'est pas forcément absurde que les détenus les plus dangereux puissent avoir l'impression qu'une prison possède des failles et qu'ils pourraient les utiliser pour essayer de s'évader. L'essentiel consiste à identifier ces failles et à leur accorder toute notre vigilance. Cela permet en outre d'éviter de se disperser en surveillances stériles ou en paranoïas sécuritaires sclérosantes. La sécurité intelligente passe par une réflexion stratégique et une connaissance fine et empirique de la psychologie de l'homme en captivité, de celle des groupes restreints ou des foules.

Au final, j'aurai passé en tout et pour tout presque six ans de ma carrière dans la maison centrale de Moulins, où les directeurs sont rarement pressés d'exercer. Je n'ai jamais regretté ce choix. Je suis le directeur qui y est resté le plus longtemps, la moyenne étant en général de deux ans… Mais j'ai payé cette longévité au prix fort.

Vers une analyse systémique des mutineries carcérales ?

Comment expliquer que, brusquement, une collectivité humaine se soulève et sombre dans le chaos, la barbarie et la violence extrême ? Pour le comprendre, il faut revenir sur ce rapport anachronique, hors norme et parfois contre nature, qui existe entre les détenus et les surveillants.

La loi sur le service public pénitentiaire de 1987 précise que le personnel pénitentiaire doit remplir une double mission : aider à la réinsertion et maintenir la sécurité publique. Une nouvelle loi pénitentiaire a été votée au Parlement en 2010. Elle ajoute un axe stratégique autour de la prévention de la récidive. Chaque jour, les surveillants s'occupent de l'entretien des détenus : la distribution des repas ou du courrier, l'organisation des douches et de toutes les activités auxquelles les détenus participent. Ils sont aussi chargés de maintenir l'ordre et la discipline, au besoin par l'usage de la force et des armes dans les cas les plus extrêmes.

Cette mission de garde armée est très difficile à mettre en œuvre avec des individus condamnés à de longues peines. Le surveillant X travaillera en détention le lundi, il distribuera le courrier et le repas aux détenus et dialoguera avec eux. Le lendemain, ce même surveillant sera en poste au mirador et devra éventuellement abattre avec son fusil automatique un détenu qui tenterait de s'évader. Cette réalité ne facilite pas des relations pacifiques. Les techniques de la surveillance pénitentiaire, comme l'observation continue, y compris la nuit, les fouilles, le contrôle du courrier ou des conversations téléphoniques, portent, on l'a vu, sur des aspects très intimes de la vie. Les relations entre détenus et personnels pénitentiaires varient ainsi entre un rapport d'autorité, un rapport de compromission et un rapport d'égal à égal.

Dans l'exercice de leur mission quotidienne de surveillance et d'observation, les personnels pénitentiaires ne se montrent pas agressifs, mais ils sont conduits à rappeler les règles, et donc à dire « non » aux détenus, à leur refuser un avantage ou une faveur. C'est la routine de la prison : tout surveillant interdit aux détenus des passe-droits et tout détenu tente d'obtenir des choses auxquelles il n'a pas droit. Le goût de la transgression ne prend pas fin quand le délinquant supposé ou condamné entre en prison, bien au contraire… Dire « non » à un détenu sain d'esprit provoque de la frustration et de l'énervement ; dire « non » à un psychopathe violent entraîne immédiatement une décharge d'agressivité et de violence tournée contre le surveillant. D'année en année, le nombre d'agressions violentes sur les personnels de surveillance ne cesse d'augmenter. Qu'ils soient hommes ou femmes, les surveillants pénitentiaires sont à égalité devant les insultes, les crachats, les coups ou les violences graves, comme les prises d'otages ou les tentatives d'atteintes sexuelles.

Ces inévitables tensions s'expriment souvent par la hargne et la pugnacité avec lesquelles les détenus, surtout ceux condamnés à de longues peines, s'entraînent au niveau sportif. Le gabarit de certains d'entre eux, élément essentiel de dissuasion dans le monde des truands, s'est largement « américanisé ». Ils recentrent toute leur attention sur leur corps et pratiquent des sports comme la boxe et la musculation. La prise de volume musculaire rapide et massive est souvent facilitée par le recours à des produits accélérant la constitution du muscle : protéines naturelles et de synthèse, acides aminés en tout genre, taurine, créatine, L-carnitine. Il existe aussi des cas de dopage clandestin avec des anabolisants ou des hormones de croissance. En 1998, une étude médicale menée sur un échantillon de détenus incarcérés dans une maison centrale du centre de la France a démontré que les principaux motifs de consultations médicales étaient liés aux conséquences d'un entraînement sportif trop intense. Une très grande majorité de ces détenus se rendaient au service médical pour des problèmes de traumatologie sportive : fractures de fatigue, lésions tendineuses, entorses…

Cet entraînement physique permet aussi aux détenus de se battre, de mieux encaisser les coups, de dissuader un éventuel agresseur, de décharger leur agressivité en fatiguant leur corps. Pour qui pratique le sport intensivement comme moi, l'activité physique provoque une véritable accoutumance. Quel marathonien, quel sportif assidu n'a pas ressenti ce « manque » lors d'une période d'arrêt pour cause de blessure, par exemple ? Je me souviens d'un détenu de la maison centrale de Moulins qui m'avait demandé l'autorisation de courir cent kilomètres sur le terrain de sport. J'étais d'accord pour qu'il tente son pari, mais uniquement entre 8 heures et 18 h 30, l'heure du petit-déjeuner et l'heure du dîner. C'est exactement ce qu'il fit, achevant même sa course à 17 h 30, avec une moyenne de douze kilomètres à l'heure. C'était un garçon au moral d'acier et à la volonté hors du commun. J'ai presque cru en sa volonté de réinsertion… Deux ans plus tard, il essayait de s'évader de cette centrale avec deux complices, en faisant sauter plusieurs portes blindées à l'explosif et en prenant des otages avec un pistolet automatique. Les trois détenus ont été arrêtés in extremis par une grêle de balles tirées depuis les miradors, l'un d'entre eux étant gravement blessé. Lui-même ne s'est arrêté qu'une fois mis en joue, le marqueur de tir des personnels pénitentiaires sur la tête. Cet acte ne lui ressemblait guère, et il lui était sans doute apparu comme la seule issue, un sursaut désespéré d'audace et d'orgueil. Aux dernières nouvelles, ce détenu a réussi à sortir en libération conditionnelle à l'automne 2009. Comme quoi, tous les tunnels ont une sortie…

TROISIÈME PARTIE
Maison centrale de Clairvaux, 11 septembre 1992

À la mémoire des surveillants pénitentiaires
Francis Caron et Marc Dormont.

Contrairement à l'« affaire Buffet-Bontemps », dont tous les protagonistes sont décédés aujourd'hui, je ne citerai aucun nom dans l'affaire de l'évasion sanglante de septembre 1992 à Clairvaux, car presque tous les acteurs en sont encore vivants.

Un éternel recommencement

10 avril 1997, 12 h 30 : je suis confronté à une prise d'otages perpétrée par l'un des détenus qui avaient participé à l'évasion sanglante à Clairvaux cinq ans auparavant. F. est placé au quartier d'isolement de la maison d'arrêt où j'exerce, il vient de capturer un surveillant, monsieur B. Il retient ce dernier en otage sur la coursive en lui plaçant un couteau sous la gorge. Le détenu demande à parler à un directeur pour formuler des revendications. C'est sur moi que ça tombe ce jour-là… F. a une réputation de dur à cuire ; il a participé à plusieurs incidents graves dans des maisons centrales. Il est libérable en 2018. Avant de « monter au contact » et d'aller discuter face à face avec lui, je décide de passer une vingtaine de minutes à étudier son dossier pour mieux le connaître. En montant les marches qui me conduisent à l'étage du quartier d'isolement, je me repasse le fil de la journée du 11 septembre 1992 à la maison centrale de Clairvaux.

L'ordinateur et le « cheval de Troyes »

Cinq ans plus tôt, donc, le 11 septembre 1992, vers 15 h 25, pendant que les détenus de la maison centrale de Clairvaux sortent pour disputer un match de foot sur le terrain de sport, à l'intérieur d'un bâtiment de détention le détenu W. pénètre dans le bureau du surveillant moniteur de sport. Une fin d'été caniculaire fait régner sur le département de l'Aube une chaleur étouffante et moite. L'atmosphère entre surveillants et détenus est chargée d'électricité et d'animosité. Chaque personnel pénitentiaire conserve en mémoire le meurtre récent d'un surveillant, Francis Caron, à la maison d'arrêt de Rouen. Lors d'une fouille de cellule, un détenu perturbé par des troubles psychiatriques lui a défoncé le crâne à coups de barre de fer. Le meurtre a été d'une violence et d'une sauvagerie inouïes. Le décès du surveillant Caron provoque des mouvements de protestation des surveillants de prison, qui entament une grève nationale. Le mouvement se radicalise rapidement. Dans les maisons centrales, les esprits des détenus et des surveillants s'échauffent encore davantage après la mutinerie racontée plus haut, survenue trois jours plus tôt, les 8 et 9 septembre 1992, à la maison centrale de Moulins-Yzeure.

En cet après-midi du 11 septembre 1992 à la maison centrale de Clairvaux, le détenu qui vient d'entrer dans le bureau du surveillant moniteur de sport lui demande de consulter un catalogue de chaussures pour la course à pied. Sans méfiance aucune, le surveillant part chercher le catalogue en question dans une petite pièce attenante à son bureau. Le détenu sort alors de sous son tee-shirt un revolver de gros calibre (il avait commandé et acheté un ordinateur à l'intérieur duquel le commerçant complice avait dissimulé des armes et de l'explosif). Sous la menace du revolver, le moniteur de sport est contraint d'entrer dans un local contigu. Il remet au détenu la clef de son bureau, ainsi qu'un passe permettant d'accéder au bâtiment. Enfermé dans la petite pièce, il tente en vain de défoncer le faux plafond avec une barre de musculation. Il ne sera délivré qu'en fin d'après-midi, vers 18 heures.

Le détenu W., accompagné de quatre codétenus, pénètre dans le bâtiment B de la centrale. Ils atteignent sans bruit le rond-point du premier étage. W. surprend le surveillant présent, qui est en train de rédiger un compte rendu administratif, lui place son revolver sur la nuque, puis lui subtilise le trousseau de clefs qu'il porte à la ceinture. Le surveillant stagiaire D.R. est menacé par le détenu M., qui lui place le canon d'un pistolet automatique sur le front et lui arrache le trousseau de clefs qu'il tient à la main. Les deux surveillants sont ensuite conduits jusqu'au monte-charge des ateliers, situé près du rond-point. Les forcenés savent que leur réussite dépend de la rapidité d'exécution de leur plan, ainsi que de leur détermination.

La jonction des deux équipes

Dans le même temps, quatre autres détenus franchissent le mur d'enceinte du terrain de sport en utilisant comme échelle un espalier arraché dans la salle de musculation. Ils se retrouvent dans une cour desservant les ateliers, où stationne, comme tous les jours, un camion de l'administration pénitentiaire.

L'arrière du poids lourd est tourné vers le quai de livraison et de chargement, portes ouvertes. Le chauffeur, qui voit soudain des détenus courir dans sa direction, fait semblant de jeter les clefs. En réalité, il a juste eu le temps de les cacher sous le siège du camion. Il connaît ces détenus, leur parcours criminel comme leurs antécédents pénitentiaires. Il s'enfuit pour se mettre à l'abri et donner l'alerte. L'alarme est donnée par le surveillant du mirador n° 5. Tous ses collègues en poste dans les miradors s'emparent de leurs fusils semi-automatiques et se mettent en joue aux fenêtres. Plusieurs agents de l'administration pénitentiaire arrivent sur les lieux sans avoir été informés de la situation. Ils sont pris en otages par les détenus, et en premier lieu par le détenu G.2, armé d'un pistolet automatique de calibre 7,65 millimètres. Un à un, les agents sont contraints de monter dans la caisse arrière du camion, à l'exception de l'un d'entre eux, qu'un détenu emmène jusqu'au monte-charge du bâtiment B. Au premier étage de ce bâtiment attendent en effet les détenus W., F., trois autres complices et les deux surveillants pris en otages. Une fois la jonction faite entre les deux équipes, le camion démarre. Afin de se protéger contre d'éventuels tirs depuis les miradors, le détenu qui a pris place sur le siège avant utilise un surveillant comme bouclier en le couchant sur le tableau de bord. À l'arrière, dans la caisse du camion, se trouvent les sept autres détenus. Équipés d'armes de poing ou de poignards de confection artisanale, les forcenés retiennent en otages dix surveillants.

Le coût de la liberté

Après avoir tenté sans succès d'enfoncer la porte d'accès située sous le mirador n° 5, le camion s'engage dans le chemin de ronde en direction du portail n° 2 donnant accès à la cour d'honneur et, de là, à la porte n° 1, dernière enceinte du centre pénitentiaire. La liberté est juste derrière, ou presque… Les détenus savent que, au besoin, il faudra tirer pour passer, tirer pour tuer… Leur liberté est à ce prix, le prix du sang. Sur le parcours, les surveillants des miradors n°s 1 et 5 échangent des coups de feu avec les mutins. Des tirs nourris sont dirigés vers le camion, jusqu'à ce que l'un des otages hurle que l'on cesse le feu. Au cours de la fusillade, le détenu G.2 est légèrement blessé à la tête. Les surveillants en poste dans les miradors se rendent enfin compte qu'ils risquent de tirer sur leurs collègues séquestrés par les détenus. Ils cessent le feu.

Arrivés à la porte n° 2, les détenus tentent de faire ouvrir le portail, mais les surveillants portiers refusent d'obtempérer. Un des détenus descend du camion et court vers le poste de surveillance. Celui-ci, surnommé le « blockhaus », possède des vitres blindées. Le détenu pose une charge explosive sur le vitrage pare-balles au moyen de ventouses et de ruban adhésif. Les agents en poste à l'intérieur savent que si la charge explose, ils vont tous mourir. Par trois fois, le détenu allume la mèche lente, mais aucune explosion ne se produit. Le mutin au volant recule alors pour défoncer le « blockhaus » avec l'arrière du camion. En vain. Il tente ensuite de fracasser le portail métallique avec l'avant. Heurté à plusieurs reprises, le portail se plie à sa charnière et sort du rail fixé au sol. Le camion ne peut pas passer, mais la brèche est assez large pour des hommes. Les mutins, s'abritant derrière leurs otages, franchissent le portail. S'amorce l'ultime phase de leur plan d'évasion, la plus périlleuse et la plus difficile.

Parvenus dans la cour d'honneur, les détenus se retrouvent face à quatre surveillants armés. Les premiers coups de feu éclatent, il n'est plus question de reculer ni pour les uns ni pour les autres. Lors de la fusillade, le détenu M., qui tient un surveillant en otage, se retrouve face au surveillant Marc Dormont, armé d'un fusil semi-automatique. Le détenu M. relâche sa prise sur son bouclier humain et fait feu sur Marc Dormont, qui riposte et abat le détenu d'une balle dans la tête. Le fonctionnaire pénitentiaire, grièvement blessé au cours de cet échange de coups de feu, décédera peu après. Les mutins continuent d'arroser la cour à l'arme automatique, et les surveillants courent s'abriter dans un couloir pour ne pas être abattus à leur tour.

Les détenus parviennent à franchir la dernière porte. Un véhicule de gendarmerie arrive à cet instant devant la maison centrale et se trouve sous le feu des mutins. Les projectiles détruisent le radiateur, le carburateur et la culasse du moteur – le rendant parfaitement inutilisable. Les huit évadés s'emparent ensuite du véhicule d'un personnel pénitentiaire qui se gare à cet instant sur le parking. Ils sautent dans la voiture, emmenant avec eux le surveillant-chef pris en otage. Ils le libèrent sur une aire d'autoroute, où ils volent plusieurs véhicules pour accélérer leur fuite. Lors de leur cavale, ils parviennent à se soustraire aux barrages du « plan épervier » déclenché par la préfecture et la gendarmerie de l'Aube. Dans la cour d'honneur de la maison centrale, deux corps sans vie témoignent de la violence de l'attaque. Les évadés commettront toute une série de vols à main armée pour financer leur cavale. Ils seront tous retrouvés, sans exception. C'est d'ailleurs une constante : 98 % des détenus qui s'évadent se font reprendre.

Épilogue

10 avril 1997, 14 h 55 : le détenu F., avec qui je discute depuis plus de deux heures, vient de jeter son couteau par terre et laisse son otage venir vers moi. La coursive est saturée d'appels radio annonçant la fin de l'alerte générale. Le surveillant est choqué et ses yeux sont perdus dans un ailleurs qu'il aura, je le sais par avance, du mal à oublier. Le détenu F. n'avait pas de réelles exigences. La capture d'un otage lui avait simplement donné l'impression d'exister.

F. se place face contre le mur, les bras écartés, comme il s'y était engagé. Je lui ai donné ma parole qu'il serait menotté et traité sans violence. En passant devant moi, lui non plus ne me voit pas… Il pense aux dizaines d'années qu'il lui reste à faire. Je l'attrape par un bras et lui pose une dernière question. Depuis près d'une heure, on se tutoie, lui et moi :

« Pourquoi t'as fait ça ? Tu viens d'aggraver ta situation ! »

Il me regarde avec ses yeux bleu délavé, dans lesquels je ne trouve aucune colère, aucune animosité, juste une immense lassitude.

« Je sais pas. Par contre, je n'aurais rien fait à ton surveillant, quoi qu'il se passe. Mais je suis au bout… Tu peux piger ça ? »

J'acquiesce sans un mot et le laisse partir lentement vers le quartier disciplinaire. Je repense au surveillant Marc Dormont, mort à Clairvaux en septembre 1992… Je regarde une dernière fois le détenu. Je n'éprouve ni rancœur, ni triomphalisme, ni colère, juste la placide satisfaction d'avoir sorti deux hommes d'une situation qui pouvait les conduire à la mort.

Chapitre 6

Difficile réinsertion ?

La réinsertion consiste à remettre dans le droit chemin quelqu'un qui s'en est écarté. Pour que ce processus aboutisse, il faut que la personne à réinsérer en manifeste au minimum le besoin ou l'envie. Mais, pour beaucoup de détenus, il serait prétentieux de parler de réinsertion, puisqu'ils n'ont jamais été insérés dans la société. La loi régissant le service public pénitentiaire confie à l'administration pénitentiaire le soin de faciliter ou d'aider l'insertion des détenus à leur sortie de prison afin de prévenir leur récidive.

J'ai toujours admiré les personnels éducatifs et les conseillers d'insertion et de probation en poste dans l'administration pénitentiaire. Convaincus et motivés, ils font leur travail du mieux qu'ils peuvent avec des moyens modestes, bien que très nettement accrus depuis quelques années. Toutefois, nul ne peut aider ni remettre dans le droit chemin celui qui s'y refuse. L'opinion publique est prompte à s'offusquer du sort des détenus qui récidivent, tout comme de celui des SDF qui meurent de froid dans la rue, mais elle le fait de manière très ambivalente, sans oser affronter la triste vérité en face : certains SDF refusent les hébergements d'urgence qui leur sont proposés et se mettent délibérément en danger de mort, de même que certains détenus libérés ne désirent pas se réinsérer. La cause du mal est parfois si profonde que la « thérapie sociale » proposée pendant et après l'incarcération se révèle insuffisante, et dans bien des cas inadaptée et inopérante. Le traitement socio-économique du crime et de la récidive rencontre alors son infatigable ennemi : le libre arbitre.

Cette véritable « lutte sociale » est menée par les conseillers d'insertion et les assistantes sociales qui œuvrent dans le champ carcéral. Véritables Sisyphe du conseil en insertion, beaucoup d'entre eux doivent trouver la force, chaque matin, de pousser le rocher en haut de la colline. Aucune obligation de résultat ne semble pouvoir leur être imposée tant la matière qu'ils travaillent est par nature instable, aléatoire et capricieuse.

Les hors-la-loi sortent toujours les nuits de pleine lune

On n'échappe pas à sa destinée ni à sa nature profonde, pas plus le truand que le trader, le policier, le politicien ou la chenille processionnaire. Tel le loup-garou qui se métamorphose à chaque pleine lune, le braqueur récidiviste pourra remonter au braquage juste pour la décharge d'adrénaline et l'amitié entre « poteaux ». J'en ai souvent discuté avec eux : les grands braqueurs, les pros, sont comme des militaires pour qui l'activité opérationnelle intense est devenue une drogue, un véritable mode de vie. La poussée d'adrénaline et de cortisol qui irrigue le corps et l'esprit pendant l'action peut se comparer à un extraordinaire phénomène d'accélération. La phase de décélération qui suit plonge en revanche les combattants d'élite, les sportifs de très haut niveau et les braqueurs dans une forme de dépression. L'ennui, le sentiment d'inutilité et de vacuité les submergent. Les plus « grands » braqueurs, ceux dont les noms resteront gravés sur les tablettes des offices centraux de la répression du banditisme, ont le virus du braquage et de l'action. Quelques années de prison peuvent leur donner l'impression qu'ils doivent désormais s'assagir. Mais ils savent très bien qu'ils peuvent replonger s'ils n'y prennent garde. Pour le plaisir, pour l'amitié virile et le goût du risque, pour l'argent, aussi, et ce qui va avec, la vie facile, les voitures de luxe et les filles sexy. Ils pourront également récidiver tout simplement parce qu'ils ont cela dans la peau. Certains de ces braqueurs me l'ont dit, et j'ai la faiblesse de penser que, dans ces moments-là, ils étaient sincères. Quand vous êtes passionné par votre métier, vous ne voulez pas en changer, n'est-ce pas ? Eh bien, c'est pareil pour certains criminels.

Mais de nombreuses années passées en détention entraînent une réelle usure, une fatigue qui peut rendre dissuasif tout retour à la case « prison ». Je suis persuadé que, après dix ou quinze ans d'incarcération, les criminels les plus endurcis aspirent honnêtement à un retour à la vie libre, sans rechute. Certains y parviennent, d'autres pas.

Gangs

Aujourd'hui, l'ancienne garde du « milieu », du grand banditisme traditionnel, doit compter avec les « chiens fous » des cités. En effet, certains quartiers difficiles en périphérie des métropoles sont devenus des ghettos tenus par des gangs de délinquants ou de malfaiteurs organisés, surarmés. Les nouveaux truands, étoiles montantes du deal et des braquages violents, viennent désormais des cités. Ils sont astucieux, rapides, audacieux, violents et sans états d'âme. Ces jeunes commencent à dealer, puis trafiquent à plus grande échelle, avant de « monter au braquage », espérant ainsi se faire remarquer pour leur audace. S'ils parviennent à se distinguer, ils finissent par intégrer des équipes de malfaiteurs spécialisées dans les attaques de fourgons et les vols à main armée très lucratifs – on les appelle des « équipes à tiroirs ». Fait nouveau : ces gangs criminalisés nés dans les cités braquent de manière grégaire, et parfois dans des groupes composés sur une base ethnique. Ils n'ont plus besoin de travailler avec les truands chevronnés.

Contrairement à ces derniers, qui profitaient de leur argent pour s'installer dans les beaux quartiers, ces jeunes criminels restent dans leur cité. Difficilement repérables, ils sont à l'abri, bien couverts par les guetteurs et autres « sonnettes » qu'ils ont installés dans les rues de leur quartier et dont le rôle est de signaler tout véhicule suspect. L'infiltration policière dans ces gangs criminalisés est presque impossible à organiser. Quant au travail des éducateurs…

L'opinion publique s'est-elle demandé pourquoi certaines cités des Yvelines, des Hauts-de-Seine, de Marseille, de Nice, et j'en oublie certainement, ne se sont pas embrasées comme les autres banlieues sensibles durant les émeutes urbaines de novembre 2005 ? Est-ce grâce aux « grands frères », aux associations socio-éducatives ? Ne serait-ce pas plutôt grâce aux associations de malfaiteurs ?

Aujourd'hui, le « milieu » des cités tend à supplanter le « milieu » traditionnel du banditisme, à l'exception peut-être de la région marseillaise et de la Corse, fiefs d'une criminalité organisée et de plus en plus transnationale.

Les arrière-petits-enfants de Thrasher

Comment insérer ou réinsérer ces détenus adeptes de la polycriminalité ? Lorsqu'un jeune homme vivant dans un quartier sensible tire ses revenus du deal de drogue, gagnant parfois jusqu'à 5 000 ou 6 000 euros nets par mois, exonérés d'impôts bien sûr, que peut-on lui proposer comme activité légale ? Une formation à 800 euros ? Un emploi de manœuvre dans le bâtiment à 950 euros nets par mois ? Si le même jeune homme n'a qu'un très faible niveau d'études ou aucune compétence professionnelle, que faire pour lui ? Peut-on accepter que certaines personnes ne soient pas insérées dans notre société parce qu'elles vivent dans un univers parallèle, celui de la délinquance, du crime et de l'argent facile ?

Ce phénomène n'est pas nouveau. Dans les années 1930, un sociologue nommé Frederic M. Thrasher a publié une étude socio-criminologique intitulée *The Gang. A Study of 1313 Gangs in Chicago*, dans laquelle il détaillait le fonctionnement de ces gangs criminalisés américains : leur langage, leurs rites d'intégration, leur discipline interne et leur rapport à la violence.

S'il est ancien, le phénomène du ghetto criminogène dérange toujours aujourd'hui, car il renvoie à une forme de ségrégation ethnique. Toutefois, les acteurs de terrain, éducateurs, membres d'association de quartier utilisent souvent ce terme, qui leur paraît approprié dans bien des cas.

Les membres des gangs ne portent plus le borsalino et le pistolet-mitrailleur Thomson, mais des pantalons baggy, des casquettes et des sweats à capuche. Ils commencent leur business par le deal de drogue, puis utilisent des kalachnikovs ou des fusils à pompe pour braquer des banques ou des fourgons de transport de fonds. J'ai discuté récemment avec un malfaiteur qui s'était évadé d'une maison d'arrêt du sud de la France et qui venait de se faire reprendre par la police. Il m'expliquait qu'aujourd'hui il était plus facile d'acheter une kalachnikov qu'un revolver. En effet, les vieux truands, les braqueurs « à l'ancienne », comme lui, préfèrent travailler avec une arme de poing. Or, selon lui, un revolver vendu sur le marché parallèle des armes vaut aujourd'hui le même prix, à peu de chose près, qu'une kalachnikov, soit environ 1 000 à 1 500 euros.

De la Playstation au lance-roquettes

De fait, les gangs criminalisés des quartiers ont accès, depuis l'effondrement du bloc soviétique, à une profusion d'armes et d'explosifs soudain mis à disposition sur les marchés clandestins occidentaux : pistolets automatiques, pistolets-mitrailleurs, fusils d'assaut et kalachnikovs, fusils à pompe, explosifs, grenades, lance-roquettes de type RPG 7 ou LRAC (lance-roquettes anti-char, baptisés « Kleenex » par les malfaiteurs parce qu'à usage unique).

Dans ces cités plantées de barres de béton, la misère appelle la misère. Sur ce terreau fertile fait d'échecs et de violence naissent les vocations criminelles les plus précoces ou les idées religieuses les plus intransigeantes et incompatibles avec la démocratie républicaine. Tous ces jeunes délinquants ou criminels qui sortent de leur quartier et qu'on retrouve en prison ont grandi avec la certitude que la vie, c'est comme sur une Playstation : on bastonne, on roule vite et, quand on sort de la route, ça ne fait pas mal. Il n'existe pas de règles ni de lois autres que celles du quartier.

Je me rappelle ce jeune détenu, condamné à dix-huit ans de réclusion criminelle alors qu'il était tout juste majeur, qui me dit très naïvement un jour : « J'ai pris dix-huit ans de prison alors que je n'avais que 18 ans. J'étais passé directement de la Playstation à la kalachnikov et au lance-roquettes. À l'époque, pour nous, braquer des fourgons, c'était comme un jeu, pour le fun et l'adrénaline. » Il avait oublié de me préciser, peut-être par pudeur ou étourderie, que ses amis et lui braquaient pour financer des réseaux du terrorisme islamiste. Trois fois rien, un petit oubli… Il venait de fêter ses 28 ans et ses dix années passées en prison. Avec le temps, il me semblait avoir mûri et profité de sa détention pour s'instruire, s'ouvrir à la vie en société. Il n'appartenait plus à cette cohorte de jeunes délinquants ou criminels des quartiers sensibles, dont les seules préoccupations sont les deals et trafics en tout genre, la baston et la violence aveugle. Il est sorti récemment, en libération conditionnelle, de la maison centrale que je dirige aujourd'hui, celle de Poissy… Espérons que les quinze années de prison qu'il a purgées auront servi à quelque chose.

Les enfants d'Adam Smith habitent dans les « quartiers »

En détention, il est souvent difficile d'engager la conversation avec ces jeunes détenus issus des « quartiers », car ils n'ont pas l'habitude de discuter avec quelqu'un qui ne parle pas leur langage. Pour eux, la société se divise en deux catégories : ceux qui vivent dans la cité et les autres. Ils souffrent d'une cruelle absence de repères, de vocabulaire et d'éducation pour parler de leurs actes et de leurs émotions. Je suis persuadé que beaucoup de ces jeunes garçons auraient facilement les moyens de s'en sortir, de donner une autre direction à leur vie. Encore faudrait-il qu'ils en aient envie…

Individuellement, certains peuvent se montrer attachants, d'une naïveté touchante. Mais, pris dans le groupe, les mêmes deviennent des boules de nerfs et de violence. En prison, les détenus du grand banditisme appellent ces membres de gangs les « gremlins » ou les « piranhas », soulignant ainsi l'influence du groupe sur les comportements individuels.

Comment expliquer à ces jeunes garçons qu'il n'y a pas de fatalité sociale ni ethnique de l'échec ? Aucune discrimination n'est justifiable ni tolérable, mais cela ne doit pas excuser un laxisme parental, une absence de travail scolaire, un refus de s'intégrer dans un processus éducatif et socialisateur difficile car nécessitant de prendre sur soi. Seuls peuvent s'en sortir ceux qui travaillent, s'instruisent, font des efforts soutenus et réguliers. À l'inverse, ceux qui glandent, cèdent à la facilité de l'oisiveté festive, préfèrent fumer des joints dans les caves d'immeuble plutôt que d'aller à l'école, tous ceux-là, qu'ils soient gaulois aux yeux bleus, ritals, polaks, portugais, maghrébins, noirs, rouges ou autre, seront des losers et se retrouveront dans la délinquance ou le crime – donc, un jour ou l'autre, en prison.

Malheureusement, l'économie parallèle de la drogue dans les « quartiers » a vu éclore de nouvelles générations d'entrepreneurs. Les gangs possèdent leurs VRP, leurs logisticiens, leurs grossistes, leurs propres réseaux de financement, leurs petites mains et leurs responsables des relations internationales. Les profits engrangés sont blanchis ou réinvestis dans des commerces légaux ou dans l'immobilier. Chaque gang essaie de s'imposer comme le meilleur de sa spécialité : le trafic de cocaïne en Île-de-France pour les « cainfs » des cités de Grigny et de l'Essonne, le monopole du trafic de cannabis pour les cités de Nanterre et surtout de Mantes-la-Jolie et du Val-Fourré, dans les Yvelines, les braquages pour les cités du Val-de-Marne, etc.

Comment réinsérer ces jeunes ? Que peut la prison ? Comment remédier aux échecs successifs de l'autorité parentale et de la socialisation familiale, du système scolaire et d'orientation professionnelle, de la religion et du système classique de l'insertion professionnelle ? Placer d'aussi grandes espérances dans les équipes pénitentiaires revient à mettre d'emblée cette administration en échec immédiat.

Les collectionneurs d'enfants

Comme la réinsertion de quelques grands criminels professionnels, celle de certains criminels sexuels pose problème. La récidive des délinquants et criminels sexuels est très médiatisée et fort mal acceptée par le corps social. La prison peut mettre ces individus à l'écart de la société pendant quelques années, mais s'ils refusent de se soigner… Aujourd'hui, un détenu qui ne veut pas être traité pendant l'incarcération ne peut pas y être contraint, ni par le personnel soignant ni par les personnels pénitentiaires. L'opinion publique pourrait légitimement s'offusquer qu'un délinquant sexuel n'ait pas été soumis à une prise en charge thérapeutique ou psychiatrique en prison, mais c'est le législateur qui en a décidé ainsi. Le détenu fait l'objet de pressions et d'incitations fortes, mais il ne peut pas être soumis légalement à une injonction de soins tant qu'il est incarcéré.

En prison, certains pédophiles continuent donc de fantasmer sur des images d'enfants. Pour contourner la loi, qui interdit la détention d'images pornographiques enfantines, ces délinquants sexuels détournent de leur usage habituel les catalogues de vente de vêtements par correspondance. Je ne détaillerai pas ici ce qu'ils font quand ils se reportent aux pages des sous-vêtements pour enfants.

Pourquoi ne les empêche-t-on pas d'avoir accès à ces publications, me direz-vous ? Parce que les détenus connaissent le droit, et que l'article D 444 du code de procédure pénale dispose que l'administration pénitentiaire ne peut retirer un livre aux détenus que dans le cas où son contenu menace directement la sécurité de la prison et de ses personnels. Or comment considérer que les photos d'enfants en sous-vêtements représentent un danger pour la sécurité de l'établissement pénitentiaire et de ses personnels ? Aujourd'hui, nous avons recours à une autre approche réglementaire, qui autorise les personnels pénitentiaires à procéder aux retraits de ces catalogues de VPC si l'utilisation qu'en fait le détenu constitue un obstacle à sa réinsertion.

Un directeur d'établissement pénitentiaire se doit de rester le plus distant possible face à ces déviances sexuelles et de traiter tous les détenus avec équité. Il faut donc persuader le détenu de se soigner, à défaut de pouvoir l'y contraindre… Les pays anglo-saxons sont nettement moins timides que nous en la matière, tant sur les programmes de soins en prison que sur leur surveillance après la libération.

En France règne une grande ambivalence quant aux traitements à apporter aux délinquants sexuels. Certains voudraient empêcher que ces derniers violent et assassinent de nouveau, mais sont choqués à l'idée de les équiper de bracelets électroniques afin de contrôler leurs mouvements. Pourtant, ce système, appelé PSEM (placement sous surveillance électronique mobile), apparaît comme une bonne mesure, que l'administration pénitentiaire suit avec un intérêt tout particulier. Quant à l'idée de prévenir les habitants d'un quartier qu'un pédophile s'installe à côté de chez eux, c'est encore en France un sujet absolument tabou. La recherche de l'efficacité, le pragmatisme apparaissent finalement et de plus en plus comme des hérésies ou des déviances comportementales. Mes ancêtres étant des hérétiques cathares, je ne suis plus à une hérésie près…

CHAPITRE 7

La prison et l'islam radical

Les images insoutenables des tours du World Trade Center s'effondrant sur elles-mêmes et emportant des milliers de vies furent souvent accueillies en prison par des cris de joie des détenus. Les slogans à la gloire de Ben Laden sont devenus des insultes courantes dans une frange de la population pénale. Un mélange de provocation, d'antisémitisme et d'anti-occidentalisme, entre conviction et pure bêtise.

Sur le plan purement pénitentiaire et opérationnel, nous avons l'obligation de détecter précocement la menace islamiste, et surtout de veiller à éviter que des détenus soient recrutés en prison pour participer, à leur sortie, à un réseau terroriste ou à des « cellules dormantes ». Les prisons françaises hébergeant beaucoup de terroristes islamistes, incarcérés lors de la vague d'attentats de 1995, les services de l'État se sont fixé comme objectif de faire en sorte que ces derniers ne mettent pas à profit leur séjour en détention pour enrôler de nouvelles recrues. L'islamisme radical peut trouver dans le milieu carcéral un lent incubateur pour ses thèses djihadistes. Les personnels pénitentiaires ont été et sont encore confrontés à une préoccupation majeure, celle de ne pas faire l'amalgame entre les musulmans qui pratiquent leur religion de manière pacifique et les islamistes radicaux, prônant le djihad et le terrorisme.

تكفير والهجرة – *Takfir wal hijra : anathème et exil*

Les islamistes incarcérés n'ont pas le même rapport au temps que les membres des services de sécurité ou les personnels pénitentiaires. Pour eux, la prison permet une lente maturation de leurs thèses radicales. Ils ne sont pas pressés et se moquent qu'un message écrit puisse mettre un mois avant d'atteindre son destinataire, pour peu qu'il y parvienne de la façon la plus sûre possible. Les services de l'État ont en revanche une obligation de résultats tangibles. Leur temps est celui d'Internet, des moyens de communication modernes et rapides, de l'immédiateté. Un temps qui doit se traduire en résultats et en statistiques, d'une année sur l'autre.

Fragilisés par la privation de leur liberté, marginaux, soumis aux pressions de leurs codétenus, les détenus musulmans constituent les premières cibles des radicaux islamistes, qui s'autoproclament des « âmes pures » ou des « serviteurs de Dieu ». Leur stratégie d'emprise passe par trois phases évolutives et complémentaires : l'endoctrinement religieux au sein d'une communauté de croyants en dissidence avec l'ordre établi ; l'intégration à un groupe, d'autant plus puissant qu'il est important et soudé ; enfin, l'institution de réseaux d'entraide et de solidarité souvent contrainte. Les islamistes effectuent notamment des pressions sur certains détenus pour qu'ils leur remettent, au titre de la solidarité entre « frères », du tabac, des postes de radio, des vêtements, des denrées diverses ; ils les redistribuent ensuite à des codétenus « frères » démunis, appartenant à leur groupe, pour les rendre redevables, mais aussi aux détenus qu'ils veulent rallier ou convertir à leur cause.

Certains détenus se convertissent à l'islam parce qu'ils recherchent le soutien d'un groupe, d'un nouveau système de référence. On assiste aussi à ce qu'on appelle des « conversions de confort », c'est-à-dire des détenus condamnés pour des affaires de viol ou d'agression sexuelle et qui, par la conversion, acquièrent une protection contre les attaques ou les menaces des autres détenus. En ralliant une communauté de détenus qui s'appellent « frères », ces criminels sexuels se sentent protégés, à défaut d'être respectés.

En prison, la radicalisation islamique se manifeste par des pratiques collectives qui excluent les autres détenus et par un équilibre des forces avec le personnel pénitentiaire. Un détenu cherchera à s'imposer comme un leader charismatique en s'autoproclamant imam ou prédicateur et en organisant des prières collectives non autorisées, car non encadrées par un véritable imam. Cela risque de déstabiliser l'équilibre précaire des détentions et de créer une dynamique pouvant déboucher sur des violences graves entre détenus.

Les Corso-Marseillais se rebiffent

Les islamistes radicaux incarcérés sont suivis de près par l'administration pénitentiaire. Cette surveillance vise parfois à éviter des affrontements « ethniques » entre des détenus musulmans radicalisés et d'autres groupes de détenus, comme les Corso-Marseillais ou ceux appartenant à la communauté des gens du voyage. Ainsi, en 2006, la direction de l'administration pénitentiaire a dû intervenir en urgence dans une maison centrale afin d'en exclure plusieurs détenus islamistes qui avaient provoqué des affrontements culturels, voire ethniques. Ils avaient traité de « mécréants » des détenus originaires du sud de la France et avaient tenté de les contraindre à prendre leur douche en sous-vêtements, car, selon leurs convictions, il était interdit de montrer ses parties génitales. Les islamistes étaient même allés jusqu'à essayer d'interdire à d'autres détenus de parler de sexualité ou de faire du sport en cuissard, car ce demi-short de course à pied moulait trop les parties génitales.

Très vite, certains détenus charismatiques appartenant au milieu corse et marseillais, mais également quelques « beaux mecs » de la région parisienne, demandèrent à être reçus par la direction de la maison centrale. Lors de cette entrevue, ils indiquèrent au directeur qu'ils ne pouvaient plus tolérer ce genre d'attitude et que, si l'administration ne réagissait pas, leur réponse serait des plus expéditives. Au final, un petit nombre de détenus repérés comme des islamistes radicaux furent transférés en urgence vers d'autres établissements pénitentiaires afin d'éviter de probables règlements de comptes. Les islamistes n'avaient pas respecté les équilibres internes de la détention, ni la répartition des territoires et du pouvoir entre les différents groupes de détenus. En prison, celui qui n'appartient pas à un clan, à un gang ou à un groupe ethnique soudé est fragilisé. L'équilibre de la détention repose souvent sur la coexistence de groupes qui ne souhaitent pas tester leurs pouvoirs respectifs de nuisance ni attirer sur eux l'attention de l'administration. Toute rupture de cet équilibre est source de tensions, puis de violence.

La guerre des mondes n'aura pas lieu

L'administration pénitentiaire française possède une doctrine radicalement opposée à celle du système carcéral américain, qui privilégie une répartition ethnique dans les prisons, avec des quartiers réservés aux Afro-Américains, aux Latinos, etc. En France, ce système ségrégatif n'existe pas. Les critères de répartition sont fondés sur la séparation entre prévenus et condamnés, mais également sur les vulnérabilités particulières des détenus. Les autres critères de regroupement ou de séparation prennent en compte le bon ou le mauvais comportement adopté à l'égard des personnels ou des autres détenus. Une fois intégrés tous ces éléments, nous mettons en œuvre ce que l'on appelle un « régime différencié », c'est-à-dire une répartition des détenus que l'on souhaite la mieux adaptée possible à la personnalité et à la situation de chacun.

Toutefois, il sera plus raisonnable ou plus prudent, en pratique, de ne pas regrouper au sein d'un même quartier de détention des groupes de détenus nourrissant des contentieux qui peuvent les conduire à des affrontements violents. Ne pas respecter ces « incompatibilités d'humeur », c'est s'obliger à gérer au quotidien des problèmes de bagarre générale, de racket, etc. Les cours de promenade des prisons peuvent alors devenir des lieux de *free fight* entre jeunes de bandes rivales.

Cette équation est valable pour les jeunes détenus des différents gangs criminalisés issus des quartiers sensibles, mais elle s'applique également aux Corses, aux Marseillais, aux Corso-Marseillais, aux Lyonnais et Grenoblois, aux Italo-Grenoblois, aux Russes et autres criminels venant de l'Est, aux Africains et Afro-Antillais, aux Chinois, aux détenus issus de la communauté des gens du voyage… et, bien sûr, aux islamistes radicaux.

Chapitre 8

Hamid et ses otages

Avril 2000, maison centrale de Moulins-Yzeure

Pourquoi ai-je été saisi par ce pressentiment sournois quand j'ai rencontré Hamid pour la première fois ? C'était pendant son « audience arrivant ». Comme je l'ai déjà souligné, cet entretien est celui au cours duquel le directeur de l'établissement pénitentiaire rencontre un détenu qui vient d'arriver afin de faire sa connaissance et d'ébaucher quelques pistes de réflexion concernant un éventuel projet d'exécution de peine. C'est aussi l'occasion d'évaluer rapidement la réactivité du détenu, son éventuelle instabilité comportementale, et donc sa propension à se montrer agressif ou violent.

« Je préfère être le loup plutôt que l'agneau »

Hamid, malgré un air jovial et très policé, semble hypernerveux, mais il parvient à se contenir. Il m'explique à demi-mot que, dès qu'il le décidera, « on entendra parler de lui ». Ce n'est pas la première fois qu'un détenu profère de telles menaces devant moi, mais avec l'expérience je sais deviner qui est vraiment dangereux et qui bluffe. Hamid est un gaillard mince, à la démarche de fauve. Son regard faussement chaleureux dissimule mal un tempérament violent et dangereux, mais révèle une grande intelligence. Après de nombreuses années à fréquenter les détenus, peu m'ont laissé comme lui une aussi mauvaise impression. La prison est un monde de paraître et de ressenti. Hamid avait l'apparence d'un jeune étudiant à lunettes, mais un œil exercé devinait un dur, bagarreur et stratège.

Quelques jours après notre première rencontre, les surveillants découvrent dans ses affaires un lot d'armes blanches confectionnées de façon artisanale : poinçons aiguisés de tout genre et de toute longueur, couteaux ressemblant à des poignards de combat, et un outil que nous peinons à identifier. Hamid nous explique qu'il s'agit d'une arme pouvant servir à la fois de masse d'arme, comme à l'époque médiévale, mais aussi d'étrangleur. L'arme est composée d'un manche plutôt ergonomique, que l'on tient bien en main, relié par un câble de cinquante centimètres à une seconde partie lourde et métallique présentant sur un côté une lame tranchante. Il suffit de faire tournoyer l'arme avec rapidité pour que les premiers coups entaillent les chairs, ensuite on peut terminer le travail avec le câble étrangleur.

Hamid nous donne ces détails avec le plus grand calme et conclut : « Je préfère être le loup plutôt que l'agneau. » Il ajoute doucement qu'il ne se sent pas bien dans cette prison et qu'il fera tout pour en partir. En langage de détenu, cela signifie qu'il va commettre un acte violent sur un détenu ou un surveillant pour être transféré vers un autre établissement, ou plutôt, comme on dit dans le jargon pénitentiaire, pour se faire « balluchonner » dans une autre prison.

Par ailleurs, ses codétenus demandent qu'on le fasse partir : des représailles à son encontre sont en préparation, car il a manqué de respect à plusieurs détenus appartenant au crime organisé lyonnais. On sait qu'un groupe de lascars est en train de confectionner des poinçons pour poignarder Hamid. Ce dernier, qui représente une menace aussi bien pour les détenus que pour les personnels pénitentiaires, est placé dans une cellule du quartier d'isolement. Mais il n'est pas homme à supporter un régime de strict isolement ; il veut demeurer en détention normale afin de prouver aux autres détenus qu'il n'a pas peur d'eux et qu'il est prêt à les affronter. Un rapide coup d'œil à ses expertises médico-psychologiques confirme qu'il s'agit d'un psychopathe comme on en trouve à foison dans les maisons centrales. Un psychopathe est souvent difficile à gérer. Un psychopathe intelligent, c'est encore une autre paire de manches.

Les agneaux étaient au nombre de quatre

Quelques jours après le placement de Hamid au quartier d'isolement, l'incident éclata – un de ces incidents que les pénitentiaires redoutent tant : la prise d'otages.

Ce jour-là, vers 14 h 30, lors de l'ouverture de sa cellule par deux surveillants et deux gradés, en l'occurrence deux femmes, Hamid surgit muni de deux armes artisanales et prend en otages les quatre personnels. Il tient dans chaque main un long morceau de bois à l'extrémité duquel il a fixé des clous et des tiges métalliques pointues. Afin d'être sûr qu'on ne lui arrachera pas ces armes des mains, il les a attachées à ses poignets au moyen d'un système de lanières, un peu comme les piolets d'alpiniste. Il immobilise ses quatre otages contre un mur et agite ses deux armes avec de grands moulinets des bras. Les otages n'ont aucun équipement de protection. Les casques, les tenues pare-coups et les boucliers sont bien rangés dans une armoire, à quelques dizaines de mètres de là.

Dans une prise d'otages pénitentiaire, chercher à humilier l'adversaire, à mettre en œuvre une épreuve de force ou une confrontation directe n'est pas une stratégie efficace. Toute tentative de domination cristallise les positions et fige les situations au lieu de les débloquer. La bonne stratégie, au contraire, est une attitude d'écoute active et sincère : les problèmes du détenu ravisseur doivent devenir les nôtres, tout comme ses peurs et ses angoisses. Finalement, le détenu ravisseur et le négociateur pénitentiaire ont un problème commun à résoudre… ensemble. Ne pas être conscient de cette interactivité n'est que pure vanité.

Pour l'heure, le calme des quatre personnels retenus contre leur gré, leur neutralité gestuelle et comportementale constituent, provisoirement, leurs premiers alliés.

Quand j'arrive dans le quartier d'isolement, j'entends résonner la voix de Hamid. Je fais ouvrir la première porte blindée, car je sais qu'une seconde grille me protégera du détenu. Les personnels retenus ne vont pas me faciliter le travail. Je comptais énormément sur le surnombre pour détourner l'attention du détenu et le maîtriser au sol. À quatre contre un, je pensais l'opération jouable. Mais les otages sont en état de choc, pétrifiés et immobiles. Les deux surveillants sont sidérés sur place : je cherche leur regard, mais ils ne me voient pas. En psychologie, on appelle cet état un « effet tunnel ». Par expérience, je sais qu'ils sont en état de « stress dépassé ». Restent les deux gradées, mais, face à Hamid, armé et en état d'hypervigilance agressive, que peuvent faire deux petits bouts de femme ? L'une d'elles, malgré tout, s'approche du détenu et tente de le raisonner... Peine perdue.

Les mots sont mes armes

J'abandonne donc mon idée de maîtriser le détenu et commence à lui parler en appliquant un protocole particulier de négociation. Il va de soi que je ne peux vous détailler le contenu de cette conversation et de cette entreprise de « manipulation » d'un ravisseur détenant des otages. Il s'agit d'une stratégie très ritualisée, faisant appel à toute une série de mécanismes psychologiques et comportementaux, et je ne souhaite pas en divulguer les détails opérationnels.

Après presque deux heures de discussion avec Hamid, ce dernier dépose devant moi ses deux armes artisanales et tranchantes. Le « deal » que nous avons passé est le suivant : il jette ses armes, je m'en empare, je rentre dans l'étage avec quatre personnels non équipés de tenues d'intervention et non armés. En échange, on lui fait une fouille par palpations non violentes, et les quatre otages peuvent quitter l'étage. Je me suis engagé à ce qu'il n'y ait pas d'assaut violent. Je passe la main à travers les barreaux de la grille et prends les deux armes artisanales confectionnées par le détenu. Je sors dans le couloir et demande aux officiers derrière moi de me coller sur la coursive et de se tenir prêts, au cas où le détenu, considéré comme instable et dangereux, changerait d'avis. Les officiers qui me suivent sont des petits nouveaux – mes collaborateurs habituels sont soit en congé, soit en formation.

Je déverrouille la grille qui permet d'accéder à la coursive où a lieu la prise d'otages. Je demande au détenu de faire quelques pas en arrière ; il est anormalement calme (je pense avec le recul que c'est ce qui a provoqué chez moi une sensation de malaise). Je passe donc sur la coursive, les sens en éveil, le regard braqué sur Hamid. Il ne bouge toujours pas. Les quatre otages se tiennent à ses côtés, passifs mais sains et saufs. Je me rends compte que le comportement du détenu n'est pas normal… Il sourit et me fixe droit dans les yeux. Il se tourne cependant vers les otages et leur annonce qu'ils peuvent sortir, qu'il ne leur fera pas de mal, et il les libère. Les quatre personnels s'avancent vers la sortie. Ils passent à côté de moi, sur ma gauche, pour emprunter la porte.

C'est à cet instant, et à cet instant seulement, que je comprends, mais il est déjà trop tard. Sacré Hamid ! Il a vraiment oublié d'être bête... Les otages, pressés de sortir, s'engouffrent précipitamment dans l'encadrement de la porte, empêchant mes officiers inexpérimentés d'entrer en me serrant de près pour assurer ma protection, comme je le leur avais demandé. Mes anges gardiens, bloqués derrière la grille, ont beau bousculer les otages qui sortent, le détenu est le plus rapide. Il est déjà sur moi. Pour parer un coup de tête, je place mon bras gauche en protection, mais il sort de sa ceinture un couteau de fabrication artisanale et crie : « Reculez ou je le crève ! » Ce n'est pas *à moi*, mais *de moi* qu'il parle ! Ensuite, tout se passe très vite : il me déséquilibre et me tire dans un bureau situé à deux mètres derrière nous, une pièce qui sert à la fois de salle d'audience et de salle de musculation.

L'officier chef de détention est une femme prénommée Viviane. Elle rentre à son tour dans la pièce pour essayer de discuter avec le détenu. Ce dernier me met le couteau sur le ventre et lui explique que, si elle ne sort pas, il me plante. Je connais Viviane et son impétuosité méditerranéenne, je sais qu'elle est vexée parce que ses « gars » n'ont pas su me couvrir et empêcher cette nouvelle prise d'otage. Elle insiste, et plus elle insiste, plus je sens le détenu se raidir et son poinçon traverser ma chemise. Je regarde Viviane dans les yeux, lui demande de sortir et de faire « ce qu'elle doit faire ». En clair, appeler la préfecture et le GIGN.

L'arroseur arrosé

Je me retrouve tout seul avec Hamid, tendu comme un arc, qui continue d'enfoncer son poinçon dans mon ventre. Je me recule, et la piqûre se fait moins mordante. Les yeux exorbités, il cherche à reprendre son souffle, puis soudain se calme. Il me regarde et me déclare :

« Alors, tu fais quoi maintenant ? »

Je contourne le détenu et me dirige vers cette porte jaune qu'il vient de fermer sur notre tête-à-tête désormais imposé. Je sais que je ne ressortirai pas, j'ai un poinçon acéré sur l'estomac, pourtant j'essaie de ressortir calmement. Plus j'avance vers la porte et plus je sens la pointe me piquer le ventre. J'insiste, en vain. Mon ravisseur ne bouge pas, il a pris tout son temps pour découper ce manche de fourchette et l'affûter, avec soin et détermination, jusqu'à ce que le morceau métallique devienne une arme qui puisse tailler et même tuer. Il n'en est pas arrivé là pour abandonner au dernier moment, cela ne lui ressemblerait pas. C'est un guerrier, un combattant – en tout cas, c'est comme cela qu'il se définit. C'est donc ainsi que je dois le traiter.

Je suis en colère, je me suis laissé « serrer » comme un bleu, comme un con. Ça ne peut pas m'arriver à moi ! Pas comme ça ! Pas maintenant ! À vrai dire, je n'ai pas peur, mais je suis furieux de m'être laissé prendre en otage. Surtout, mon ex-femme est en déplacement professionnel et je dois aller récupérer ma fille chez la nourrice à 19 heures. Il est déjà 17 h 30 et, avec ces conneries, je ne serai pas à l'heure. Je sais que « ça » va durer. J'ai encore du mal à me dire qu'il s'agit d'une prise d'otage et que j'en suis la victime…

Lors de mes formations sur la négociation et la gestion de pareilles situations, j'ai appris que toute rétention forcée d'un otage obéit à une succession d'étapes chronologiques et ritualisées qui, au bout d'un certain laps de temps, conduisent au syndrome de Stockholm ou, inversement, au syndrome de Londres. Je sais donc que ma vie n'est pas menacée pour l'instant, car je suis dans la configuration la plus favorable lors d'une prise d'otage : il n'y a qu'un seul otage, et celui-ci n'a de valeur que vivant, pour servir de monnaie d'échange. Dans le cas présent, je sais que le détenu va, au mieux, demander à être transféré dans une autre prison, au pire, tenter de s'évader en se servant de moi comme d'un bouclier humain, ce qu'on ne laisse jamais faire. Dans le premier cas, je pense pouvoir sortir après quelques heures en échange de la promesse de transfert. S'il veut s'évader, je sais qu'il faudra que je me prépare psychologiquement à rester dans la position d'otage entre douze et vingt-quatre heures.

Je ne suis pas particulièrement porté à l'optimisme. En cas de prise d'otages, on ne laisse jamais sortir le détenu, quel qu'en soit le prix. Si je n'étais pas retenu en otage et que, en tant que directeur, j'étais confronté à ce type de demande de la part d'un détenu, j'appliquerais cette doctrine sans états d'âme. Je ne ferais jamais ouvrir la porte vers la sortie. Ce que je ferais pour les autres s'appliquera aussi à moi… même si Hamid s'acharne sur moi, même s'il me tue, « on » ne lui ouvrira pas les portes. Dans n'importe quelle prise d'otages avec l'exigence de s'évader, les détenus ravisseurs doivent être certains que la porte ne s'ouvrira JAMAIS. Ils savent empiriquement que le fait de tuer l'otage va leur permettre au mieux d'être abattus, au pire de prendre un billet pour la prison à perpétuité, avec, pendant d'interminables années, des transferts réguliers dans les quartiers d'isolement les plus sécurisés de la France pénitentiaire.

Si on laisse sortir le détenu ravisseur, non seulement on n'est pas certain qu'il ne tuera pas l'otage une fois dehors, mais en plus on sait que ce genre d'incident va se multiplier parce que les autres détenus y verront une méthode qui fonctionne.

Brutalement, Hamid me lance d'un air mauvais :

« Tu fais plus le malin, directeur ! Maintenant tu restes avec moi, et c'est le préfet qui viendra te récupérer. Il va être obligé de discuter avec moi pour sauver ta peau ! »

Je commence alors un long, très long travail de dialogue avec le détenu. J'essaie de lui faire verbaliser sa stratégie pour élaborer une argumentation :

« Vous lui demanderez quoi en échange, au préfet ?

– Je veux me barrer de cette putain de taule et aller dans une prison plus proche de ma fille, qui habite vers Toul. »

Apprendre qu'il s'agit d'une « simple » demande de transfert me rassure un peu. Pourtant, à cet instant, le détenu semble en proie à une très grande nervosité. Depuis notre position dans la pièce, il peut voir à travers la porte partiellement vitrée le va-et-vient des personnels qui s'affairent dans le couloir. Je tente de le rassurer :

« Ils savent que je suis avec vous et que vous avez une lame sur mon ventre, ils ne rentreront pas. Regardez, il y a une table et deux chaises. Moi je vais m'asseoir. Je pense qu'on va rester ici un petit moment, on peut discuter… Enfin… si vous le voulez ! »

Je m'assieds et j'attends. Le détenu, un instant décontenancé par ma proposition, s'assied en face de moi. Sa main droite égrène les boules marron de son chapelet musulman. Dans sa main gauche, il tient encore son poignard artisanal. Il passe son bras armé sous le bureau et donne de grands coups de lame dans le bois du plateau de la table, juste au-dessus de mes genoux. À chaque mouvement ascendant de son bras remontant pour planter le couteau, je sens sa main qui frôle mes jambes. Je me recule un peu, mais pose mes mains bien à plat sur le bureau… Surtout rester neutre, paraître inoffensif pour ne pas le mettre sur la défensive.

Pendant une bonne dizaine de minutes, le détenu ne semble pas enclin à discuter et poursuit son rituel destiné à m'impressionner. Je sais que je suis sa monnaie d'échange, il a besoin de moi et, surtout, il a besoin de moi vivant.

Alors Hamid prononce « la » phrase, celle à laquelle je m'attends depuis quelques minutes. Ces choses-là sont tellement prévisibles…

« Tu sais que si je veux… je peux te crever ! »

En mon for intérieur, je me dis : « Eh bien, nous y voilà enfin ! » Il s'attend à une réaction de crainte de ma part, car il cherche à asseoir sa domination sur moi. Cela fait de longues minutes que je me prépare à cette menace. Je décide de lui répondre par une autre question, « la » question qui, en principe, fait mouche : « Pourquoi ? » Je lui demande de justifier un acte illogique, celui de tuer son seul otage.

« Pourquoi voulez-vous faire ça et prendre perpette ? »

Il ne répond pas : message reçu, on peut changer de conversation. Hamid est un vrai retors, sa vivacité d'esprit et son intelligence vont en faire un adversaire difficile à influencer. Tout en lui parlant sans arrêt pour saturer sa vigilance et son attention, j'ai réussi à le faire asseoir juste en face d'une grande fenêtre. Pour ma part, je me suis décalé un peu sur son côté droit. Je sais que dans quelques instants, lorsque le GIGN sera sur place et opérationnel, un tireur l'aura dans sa ligne de mire… juste au cas où. Il ne semble pas mesurer sa vulnérabilité face à cette grande surface vitrée.

Où sont passés les snipers ?

Depuis plus d'une heure, nous sommes enfermés dans cette pièce à parler de tout et de rien. L'agressivité du détenu est plutôt difficile à gérer. Les baisses d'intensité sont aussitôt suivies de poussées d'énervement. Chaque bruit dans le couloir entraîne une montée de tension après laquelle je dois recommencer le long travail de discussion et d'apaisement. Je continue de chercher une prise pour procéder sur Hamid à ce que les négociateurs appellent une « saturation émotionnelle ».

Au bout de deux heures, Hamid me parle de sa fille, qu'il ne voit plus depuis que sa femme l'a quitté. Je me rends compte que je tiens là un des moyens les plus efficaces pour garantir ma sécurité. Je lui explique que je me trouve dans la même situation que lui, je mets des mots sincères sur les émotions qu'il n'ose pas exprimer. Ce n'est plus un truand en face de moi, mais un père qui souffre de l'absence de sa fille… comme moi. Je viens aussi de divorcer, et ma fille, qui a presque le même âge que la sienne – 3 ans –, vit désormais avec sa mère. Je lui dis :

« Quand elle est partie avec sa mère, c'est comme si on m'avait brutalement coupé le souffle et arraché une partie de moi-même. Tu sais ce que c'est, non ? Si ta fille te manque autant que la mienne me manque, tu dois sûrement faire comme moi… Enfin, je suppose. En ce qui me concerne, j'ai toujours sa photo sur moi. »

Alors Hamid sort de sa parka bleu marine une photo écornée et froissée de sa fille, une gamine adorable. Un sourire de fierté se dessine fugitivement sur son visage. Malfaiteur ou directeur de prison, on a le même regard quand on le porte sur nos enfants.

Chacun montre à l'autre la photo de sa fille partie avec sa mère… Je lui dis avec sincérité, mais aussi pour continuer à le conduire sur le chemin de l'apaisement et de la reddition :

« Tu vois, finalement, détenu ou directeur de taule, la seule chose qui compte vraiment, c'est la famille et nos enfants. »

Le détenu semble étrangement soulagé, et je sais que, maintenant qu'il m'a montré la photo de sa fille, il ne me fera plus de mal. Il cherche, comme moi, une issue pour sortir de cette situation sans avoir à se soumettre ou à perdre la face. Il se lève soudain. Me méprenant sur ses intentions, je me lève à mon tour, saisis le dossier de ma chaise, décidé à défendre chèrement ma peau. Nous nous regardons longuement en silence. Nous savons tous les deux que tout peut basculer. Chacun voudrait pourtant que cela se termine sans violence, sans humiliation. Comme c'est lui qui est dans l'illégalité et qu'il sait qu'une sanction viendra ponctuer son geste, ses inquiétudes sont légitimes – tout comme les miennes.

Après plusieurs heures de séquestration, j'ai totalement perdu la notion du temps. Je suis tellement concentré sur mes mots, mes gestes, ainsi que sur l'observation de la moindre réaction de Hamid, que je n'ai pas une seule fois regardé ma montre. Elle n'existe plus dans mon champ cognitif, je l'ai zappée. Je suis persuadé que cela fait au moins quatre ou cinq heures que je suis là, que le GIGN est arrivé et que le dispositif pour me sortir de cette situation est en train de se mettre discrètement en place. J'ai une confiance totale en eux, et l'idée que Thierry, Olivier, Jean-Marie, Jean-Luc, Fred, Anthony et tous les autres sont là, équipés et prêts à l'action, me donne la certitude que l'événement pourra être maîtrisé si la situation dégénère. En réalité, et je ne le saurai que plus tard, personne n'a pensé à appeler la préfecture ni le GIGN pour leur signaler l'incident…

Le détenu est plein cadre devant la fenêtre, avec son couteau à la main ; j'attends qu'une balle vienne le shooter à l'épaule… mais rien ne se produit. Peut-être un assaut par la porte ? Rien. Le GIGN n'est peut-être pas encore arrivé… Je me persuade que, perdu pour perdu, je vais essayer de me défendre à coups de chaise pour éviter un coup de lame. Mais Hamid me déclare qu'il ne me veut pas de mal et précise :

« T'inquiète ! Je te ferai rien, je veux juste jeter la lame par la fenêtre. Comme je ne veux pas te la donner ou la laisser à un maton, je préfère la balancer ! »

Il jette la lame affûtée par la fenêtre. Avant de se rendre, il m'affronte du regard et me lance :

« Il y a des choses sur lesquelles il ne faut pas jouer. Si tu m'avais transféré avant qu'on en arrive là, ç'aurait été plus simple ! »

Puis il ajoute quelque chose dont j'ai oublié la formulation exacte, mais qui ressemblait à ça :

« Avant de chercher la petite bête, tu devrais enlever la poutre que tu as dans l'œil et qui t'aveugle ! »

Après, il se passa ce qui devait se passer : les hommes en combinaison d'assaut avec casque et cagoule, les menottes, le quartier disciplinaire, puis… le transfert.

Aujourd'hui, je ne sais pas ce qu'est devenu Hamid. Il doit être sorti de prison. Il a été condamné à une peine supplémentaire de trois ans pour m'avoir séquestré pendant près de trois heures. Au tribunal, il a joué à la perfection son rôle de teigneux, minimisant la gravité des faits et narguant les magistrats. On n'en attendait pas moins de lui. Les voyous qui tiennent ce rôle sont tellement prévisibles que leurs gesticulations n'en sont même plus irritantes : on sait qu'il faudra de toute façon en passer par là. C'est sûrement important pour eux, pour se donner l'impression de ne pas perdre la face. D'un point de vue narcissique ou masochiste, cela peut se comprendre. Pour ma part, le jour du procès, je me trouvais à des centaines de kilomètres, dans les Alpes, les pieds fixés sur la planche de mon snowboard, à « rider » dans une belle neige poudreuse.

Si Hamid est aujourd'hui sorti de prison, j'espère pour lui qu'il a trouvé la paix avec sa fille et qu'il a arrêté les braquages et le crime. Pour moi, la page a été tournée le jour où il a été reconnu coupable de m'avoir pris en otage et où il a été condamné.

Approche systémique d'une prise d'otage en milieu carcéral

Quels enseignements tirer de cette aventure ?

Tout d'abord, une prise d'otage suit un déroulé toujours identique. La capture et la rétention d'un otage telles que nous les connaissons dans le milieu pénitentiaire depuis le début des années 1970 met en évidence quatre protagonistes :

– la victime primaire ou active, qui est représentée par la structure pénitentiaire ou judiciaire visée par le chantage du ou des ravisseurs qui veulent s'évader ou dénoncer des conditions de détention qu'ils estiment intolérables ;

– la victime secondaire ou passive, en l'espèce le ou les otages ;

– le ou les ravisseurs, qui vont exercer des menaces de mort au préjudice du ou des otages capturés dans le but de monnayer une contrepartie ;

– les victimes indirectes, telles que les familles des ravisseurs et des otages, mais aussi l'opinion publique, qui, informée par la presse, ressent cet incident comme une agression ou une menace.

Le déroulement d'une prise d'otage est relativement systématisé et se décompose en quatre phases.

1/ La phase de capture, au cours de laquelle le ou les détenus vont subir une extrême violence. Aidés par une formidable décharge d'adrénaline, ils sont portés vers la réussite de leur rapt. Ils ont le bénéfice de l'initiative, donc de la surprise, ce qui vient renforcer leur supériorité, tant physique que psychologique, sur leurs victimes.

2/ La phase de la rétention, la séquestration proprement dite. L'otage éprouve d'abord un mélange de colère et de déni. Il pense que cela ne peut pas lui arriver, ou que la situation ne va pas durer. Ensuite, il éprouvera de l'espoir, puis, au bout de plusieurs heures, perdra tout espoir et acceptera son statut d'otage et de monnaie d'échange.

Les conditions difficiles, agressives ou violentes dans lesquelles se trouve l'otage font naître chez lui un sentiment de déshumanisation et de « chosification ». Il se sent comme une vulgaire marchandise qui fait l'objet d'un troc odieux, pouvant déboucher sur la pire des négations de l'être humain : son meurtre par le ravisseur. En contrepartie se développe entre le ou les otages et le ou les ravisseurs un rapport d'interdépendance qui va favoriser l'apparition du syndrome de Stockholm dans une compassion réciproque. L'otage et le ravisseur vont trouver un « deal », un projet commun : obtenir satisfaction pour obtenir la liberté et voir cette situation prendre fin. En plus, l'otage, conscient que son ravisseur pourrait le tuer mais ne le fait pas, éprouve paradoxalement pour lui une sympathie, une gratitude sincères.

Dès lors, l'otage va reporter sa colère sur les personnes chargées de négocier avec le ravisseur, qui seront finalement considérées comme responsables de la situation. La lenteur avec laquelle les négociateurs parlementent avec le ou les ravisseurs renforce le sentiment de l'otage d'être abandonné aux mains de ses agresseurs. Ces réactions paradoxales peuvent aller très loin. Dans l'affaire de la prise d'otages de Stockholm – celle qui a donné son nom au fameux syndrome –, en août 1973, une des otages séquestrées dans la banque par les malfaiteurs a épousé l'un des deux ravisseurs par la suite.

Toutefois, ce syndrome se développe à la condition qu'il n'y ait pas de mauvais traitements, ni d'animosité ou de rancœur du ravisseur à l'égard de son otage. Or, au cours d'une prise d'otages en milieu carcéral, les détenus éprouvent souvent de la haine envers leurs « geôliers », les personnels pénitentiaires. Une fois pris en otages, ces derniers, on l'a vu, risquent de subir des mauvais traitements, voire des actes de barbarie à caractère sexuel, des simulacres de pénétration anale ou d'exécution.

3/ Après la phase de séquestration, la libération a lieu, qu'elle résulte d'un assaut des forces de l'ordre ou de la reddition des détenus qui ont participé à cet incident.

Généralement, en milieu carcéral, si la prise d'otages n'est pas perpétrée au cours d'une mutinerie ou pour faciliter une évasion violente, elle sera le fait de détenus en rupture de dialogue, en perte profonde d'espoir, et qui se sentent acculés par leur destin, sans solution apparente. Hamid entre dans cette catégorie, agissant par désespoir afin de rétablir à son avantage un dialogue qui s'est rompu avec l'administration pénitentiaire. Les prises d'otages sont pour ces détenus des moments d'exception, d'une immense densité émotionnelle, au cours desquels ils inversent le cycle du pouvoir et de la coercition. Auparavant obligés d'obéir à des règles, ils sont brusquement en capacité d'exposer et d'imposer leurs propres règles.

Mais ils oublient souvent que, même s'ils ont des otages, ils restent enfermés dans un milieu clos. Et face à eux se déploie une organisation méthodique et désormais bien rodée qui n'aura qu'un seul but : sortir les otages vivants et empêcher que les détenus ne s'évadent. Le détenu ravisseur possède un pouvoir de vie et de mort sur le ou les otages. C'est sa grande force, mais aussi son infinie faiblesse. La mort d'un otage signerait son propre échec. Au mieux, le détenu serait blessé et à nouveau lourdement condamné par la justice ; au pire, il serait abattu.

4/ La dernière phase d'une prise d'otage est celle que l'on qualifie de « phase séquellaire ». Le traumatisme psychique subi par l'otage est fonction de plusieurs critères. Il varie selon le temps passé en tant qu'otage, les éventuelles violences subies, l'impression de voir venir la mort ou pas, la maturité ou au contraire l'immaturité psycho-affective, l'âge ou le sexe de l'otage. Dans tous les cas, chaque otage doit au minimum passer par la phase du débriefing psychologique afin de verbaliser ses émotions. Pour les cas les plus graves, ceux où les otages ont été victimes d'une véritable effraction psychique et d'une confrontation à l'idée de leur propre mort, un suivi psychologique d'urgence sera complété par un traitement à moyen ou long terme afin de limiter ou d'empêcher l'installation d'un état de stress post-traumatique.

Entre « rétex » et débriefing

Je ne suis pas sorti indemne de cette prise d'otage, même si la durée de l'incident ne m'a pas exposé à des risques du type syndrome de Stockholm. Dans ce récit, j'ai délibérément choisi de ne pas donner de détails opérationnels trop précis. Je n'ai pas approfondi les techniques de prise de parole, de gestuelle, de langage paraverbal que j'ai utilisées pendant ces deux heures cinquante passées à calmer Hamid. J'ai mis en application toutes ces techniques, que j'avais apprises, afin de le manipuler par tous les moyens pour sauver ma peau.

Après la prise d'otage, je me suis fait débriefer par un négociateur et un psychologue du GIGN. Raconter cette expérience m'a permis de m'alléger un peu de deux sentiments : la culpabilité de m'être fait capturer aussi bêtement par ce détenu, et la honte rétrospective d'avoir éprouvé de la peur. Hormis le psychologue du GIGN, avec lequel j'ai passé un long moment, j'ai surtout abusé d'une autre thérapie, avec les docteurs Adidas et Nike. Certains picolent pour oublier ou bien se bourrent de calmants et d'antidépresseurs. Pour ma part, j'ai toujours choisi une méthode un peu plus « bio » : la course à pied intensive. Et, croyez-moi, ça m'a plutôt bien réussi jusqu'ici.

J'ai bien sûr eu peur de mourir le jour où j'ai été pris en otage, mais je suis plutôt satisfait que, face à l'épreuve du feu, les bons mots et les attitudes justes aient pu apaiser mon agresseur et nous ramener, lui et moi, dans le monde des vivants. J'ai essayé le plus sincèrement possible de comprendre sa douleur, d'entrer en empathie avec lui, de lui dire des mots qui avaient le sens et l'accent de la vérité. De fait, ses problèmes devenaient en toute logique les miens, ses doutes et ses peurs aussi. Dans ces moments-là, les masques tombent. Impossible de simuler, car, de part et d'autre, les sens sont en hypervigilance. Les yeux détectent le moindre frémissement de sourcil de l'adversaire. Les oreilles captent le moindre frottement ou glissement derrière la porte fermée qui sert de barrière à la liberté. On perçoit avec une acuité insoupçonnée le moindre crissement du tissu de la veste de sport de celui qui vous menace, les bruits de la chaise sur laquelle il est assis et qui grince au rythme des balancements nerveux de ses jambes…

Je pense que chaque individu, même le plus équilibré, placé dans une situation de survie, se soumet ou est déterminé à sauver sa vie. Les Anglo-Saxons ont une formule qui résume ça : « *Flight or fight* », c'est-à-dire : « Soit tu t'enfuis, soit tu te bats. »

Ce n'est pas évident pour un « patron », un « taulier », garant de la sécurité de ses personnels, de se faire prendre en otage et de reconnaître avoir eu peur. Car c'est bien de cela qu'il s'agit, reconnaître en toute objectivité que, même si l'on arrive à maîtriser ses émotions négatives durant une phase de négociations – surtout si l'on est soi-même otage –, on a eu peur. Pour le reste, soit on transforme ce stress en « stress adapté » et on s'en sort, soit on passe en « stress dépassé ». Un peu comme un lapin qui regarde les phares de la voiture sans parvenir à s'enfuir, jusqu'à ce qu'il devienne… peau de lapin.

CHAPITRE 9

Les nains qui se prennent pour des tours Eiffel

C'est un petit jeudi matin pendant les vacances de Toussaint, au début des années 1990, une de ces journées lumineuses comme seule en offre la Côte d'Azur à cette époque de l'année. Après avoir occupé un premier poste de sous-directeur au centre de détention de Salon-de-Provence, j'ai été nommé directeur adjoint de la maison d'arrêt de Grasse en juin 1992.

Les chênes et les roseaux

Je suis toujours un jeune directeur impétueux, sûrement arrogant et encore trop fermement accroché à des principes fondés sur une intransigeance morale et une haute idée de ma mission – je suis dépositaire de l'autorité publique. Or, dans cette région, l'autorité publique est souvent mise à mal, et, pour l'exercer, il convient de faire preuve de plus de maturité que je n'en possède. Je voulais devenir solide et inflexible comme un chêne, j'allais apprendre à devenir pareil au roseau qui plie, mais ne rompt jamais.

Ma conception trop rigide et immature de l'exercice de ma mission est difficilement compatible avec la mentalité de la Côte d'Azur, souvent faite de compromissions, de petits arrangements entre amis et, parfois aussi, de procédés délictueux, voire criminels. Beaucoup de personnes qui brassent de l'argent semblent y considérer comme normal de jouer d'influences et de pressions pour obtenir satisfaction. Cette équation paraît valable dans n'importe quel domaine d'activité : le bâtiment, les travaux publics, le commerce, etc. Je suis pourtant originaire du Sud, mais je prends conscience que les terres arides et rudes du pays cathare audois ne ressemblent en rien à cette région azuréenne, le « sud du Sud » en fin de compte. Dans ces contrées ensoleillées et proches de l'Italie, je vais apprendre la flexibilité. En toute humilité, et dans le sang.

Du haut de mon petit quart de siècle, je me trouve confronté à une polycriminalité impressionnante : dealers en tout genre, proxénètes, assassins et flingueurs professionnels, braqueurs ; le tout agrémenté de la première vague de criminalité transnationale venant des pays d'Europe de l'Est et de Russie. En effet, les organisations mafieuses russes et bulgares commencent à noyauter des pans entiers d'activités criminelles traditionnellement à la charge du banditisme corse, niçois et marseillais. Les proxénètes russes et bulgares se sont imposés avec une extrême violence dans le milieu de la prostitution niçoise et, au-delà, vers d'autres villes de la région. Dans ce secteur d'activités illégales et clandestines, les parts de marché de l'adversaire ne font pas l'objet d'une OPA amicale. Les territoires se conquièrent de haute lutte et en ayant recours aux armes et aux assassinats. À ce jeu-là, les organisations mafieuses des pays de l'ex-bloc soviétique se révèlent les plus opportunistes et les moins portées au respect de la vie humaine. Les premières exécutions à la kalachnikov commencent à résonner de la baie des Anges à la promenade des Anglais. Cette dernière se remplit chaque soir, à la nuit tombée, de créatures blondes et sexy à l'accent slave, pour la plus grande satisfaction des clients en mal de sexe tarifé. Ces filles remplacent progressivement les vieilles tapineuses à l'accent niçois affirmé.

L'effondrement du bloc soviétique et la chute du mur de Berlin ont permis à de nouvelles mafias très actives de s'implanter en Europe de l'Ouest, en France, et tout particulièrement sur la Côte d'Azur. Les groupes criminalisés russes ou bulgares sont rejoints par les gangs mafieux tchétchènes ou albano-kosovars. Cette dernière mafia est moins connue des médias que son homologue italienne, déjà bien implantée dans la région PACA, mais elle n'en demeure pas moins parmi les plus secrètes, les plus violentes et les plus actives au monde. Tout comme une véritable mafia au sens criminologique du terme, elle se présente sous la forme d'une coalition de familles où l'on n'entre que par les liens du sang ou l'union du mariage. Au sein de l'organisation mafieuse, les liens hiérarchiques sont codifiés, et la loi du silence règne en maître. Au fil des années et de leur implantation dans la géopolitique criminelle française, les mafias albanophones se sont formées autour de clans spécialisés dans la prostitution, le trafic de stupéfiants, la contrebande de cigarettes ou la traite d'êtres humains, à l'instar des migrants clandestins venus du monde entier. Ces derniers traversent la mer Adriatique avec des passeurs à la solde de la mafia albanaise et d'une des mafias italiennes, appelée Sacra Corona Unita.

Les tontons flingueurs sont passés de l'alcool à la poudre

La promenade des Anglais et les rues attenantes sont ainsi devenues des vitrines érotiques et sexuelles de la féminité chosifiée. Des guerres de gangs apparaissent entre truands français et mafieux de l'Est, mais aussi entre truands niçois, varois et marseillais. L'argent qui coule à flots sur la Riviera attire les requins de tous bords. Le début des années 1990 est donc une époque débridée où les assassinats opportunistes et autres « flingages » entre truands prospèrent. Les voyous se rebiffent et règlent à coups de 11,43 des contentieux financiers ou des guerres de territoire, éternels conflits d'intérêts et de lutte pour le pouvoir et l'argent. Le moindre truand qui arrive à gagner illégalement un peu d'argent et se promène « enfouraillé » se laisse rapidement griser par l'ambiance locale qui rejoue les airs du *Parrain* ou de la *French Connection*. Soit ces petits nouveaux se font abattre rapidement, soit ils sont pris sous l'aile protectrice d'un caïd qui se chargera de leur éducation criminelle et étoffera leur carnet d'adresses. Ces apprentis truands ressemblent rapidement à des nains qui veulent devenir des tours Eiffel. Tout leur semble permis… jusqu'au jour où du plomb ou un autre alliage métallique brûlant, vomi du canon d'un pistolet automatique, vient interrompre une carrière débutante.

C'est donc dans cet anachronique microcosme polycriminel et quasi mafieux que je débarque en 1992 avec mes gros sabots et la légitimité que me confère mon statut de fonctionnaire d'autorité, en charge d'une mission de sécurité publique. Foutaises… J'ai encore l'immaturité de faire la distinction entre ce qui est bon et juste (la légalité) et ce qui est mauvais et doit être réprimé (le crime et la délinquance).

Comme le ridicule tue moins que les armes à feu, je vais bénéficier d'un petit sursis de quelques mois avant que ma route ne croise celle de quelques nains qui se prennent pour des tours Eiffel. J'apprendrai que, dans ces contrées, les choses ne sont pas aussi clivées que je voulais, bien naïvement, le croire. Quelques membres de la grande finance et des affaires, quelques entrepreneurs de travaux publics véreux semblent se complaire dans des amitiés ou des associations contre nature avec la criminalité organisée et les truands en quête de respectabilité. Tout ce beau monde se donne rendez-vous dans les casinos et les palaces pour des simulacres de fêtes grandioses, prenant la pose devant les paparazzis, dans un festival tragi-comique où des vieilles peaux sont escortées par de mauvais sosies de Frank Sinatra ou d'Al Capone.

Tout près de la baie des Anges, chacun attend impatiemment le moment si jouissif où, lors d'un célèbre festival printanier, la planète entière pourra les voir s'essouffler en grimpant quelques marches recouvertes d'un tapis rouge. Le milieu de la nuit vient alors frayer avec les plus belles prostituées de la planète et quelques grands truands ou mafieux de l'Est, dans des ambiances explosives qui sentent la poudre (blanche)…

Dans cette ambiance ensoleillée mais vénéneuse, quelques interrogations commencent à me tenailler. Je n'ai pas compris d'emblée que, dans ce coin de France, toute action de sécurité publique doit être menée avec prudence, dans le dialogue, la compréhension des réseaux et le soutien inconditionnel et préalable d'émissaires rompus aux subtils équilibres des forces en présence. Je n'ai pas saisi que, au sud du Sud, un « désordre négocié » essaie de prendre le pas sur un ordre imposé. J'avais l'immaturité de penser que la réalité ne pouvait pas dépasser la fiction. J'ai donc mis le doigt dans un engrenage d'où je ne devais pas ressortir indemne.

Encore un septembre noir ?

La nouvelle prison de Grasse est juchée sur des hauteurs montagneuses, à l'emplacement d'une ancienne carrière que l'on appelle le « plateau de la Malle », juste au bord d'une petite route particulièrement sinueuse – un terrain d'exercice idéal pour tout motard raffolant des itinéraires « viroleurs » et nerveux. Son ouverture est prévue pour le mois de septembre 1992 et s'accompagne logiquement de la fermeture de l'ancienne, plus petite et surtout vétuste. Le transfert des 140 détenus s'effectue dans des conditions extrêmement difficiles. Trente-sept d'entre eux refusent de sortir de leurs cellules, puis se livrent à une violente mutinerie au cours de laquelle ils mettent le feu aux locaux et vont jusqu'à démolir les vieux murs de leurs dortoirs, passant de cellule en cellule à travers les parois défoncées. Une véritable implosion. Comme transition, on a connu plus calme. Pendant que, livrés à eux-mêmes, les émeutiers détruisent l'établissement, les cars de police traversent la ville toutes sirènes hurlantes, se faufilant dans les rues étroites qui montent jusqu'au palais de justice et à la vieille maison d'arrêt qui le jouxte.

Appelé à la rescousse par un procureur de la République inflexible et dynamique, je suis descendu avec trente jeunes surveillants stagiaires pour aider à gérer la crise, sauver ce qui pouvait l'être et éviter, au final, une évasion collective. À mon arrivée, je regarde, halluciné, la violence brute de la première mutinerie de ma vie. Je sais que ce n'est pas la dernière fois que je devrai faire face à un déchaînement de violence aveugle.

Les mutins, s'ils veulent s'évader, devront obligatoirement passer par la porte devant laquelle nous nous trouvons. Les consignes hiérarchiques et préfectorales sont claires : il ne doit pas y avoir d'évasion. Je regarde sur ma droite le vieux directeur de la vieille maison d'arrêt. Cela fait quatorze ans qu'il dirige cette prison, et c'est un peu une partie de lui-même et de son histoire qui part en fumée. Il ne montre rien de son émotion : c'est un homme rude, un de ces vieux pieds-noirs qui en ont vu d'autres. Son calme et ma détermination semblent rassurer les surveillants. Ils sont très jeunes, mais j'ai choisi quelques bons rugbymen qui n'ont pas peur de prendre des coups.

Je m'imprègne des bruits de métal tordu, des coups sourds faisant résonner les murs et le métal des canalisations, des explosions sporadiques de vitres, ponctuées des hurlements rauques des casseurs victorieux, des glissements de meubles déplacés puis jetés depuis les étages dans la coursive du rez-de-chaussée, du craquement sec du bois qui se démembre en éclatant sur le sol, des cris de joie des mutins en furie. C'est un spectacle sauvage et surréaliste. La fureur destructrice met un petit peu plus d'une heure pour se calmer, avant que les mutins, ivres de violence, la voix éraillée d'avoir trop hurlé, le corps fatigué d'avoir cassé, tapé, arraché, détruit, pulvérisé, les poumons irrités d'avoir trop inhalé de fumée d'incendie, se rendent les uns après les autres, satisfaits et pensant avoir gagné… Mais gagné quoi ?

Je me souviens aussi des supplications et des appels au secours de certains détenus qui n'avaient pas voulu participer à l'émeute et avaient maintenant peur de griller vivants ou de périr asphyxiés, de ceux qui, parce qu'ils étaient là pour des affaires de mœurs, avaient peur des sévices et des mesures de rétorsion dont ils pourraient faire l'objet de la part des mutins en colère. J'entends encore leurs cris affolés à l'adresse des surveillants : « Sauvez-nous ! Sortez-nous de là ! »

Je me rappelle enfin et surtout mon incommensurable colère en regardant le triste spectacle d'hommes en train de se laisser aller à une telle violence. Malgré cette colère, je n'ai vu aucun collègue, autour de moi, hésiter avant de monter dans les étages, d'en sortir les détenus qui ne voulaient pas être impliqués dans cette mutinerie et de les sauver d'une probable asphyxie. Et aucun coup de feu n'a été tiré de notre côté.

Au niveau national, on l'a dit, le contexte social pénitentiaire de l'époque est particulièrement tendu. Les personnels de surveillance sont en grève pour protester contre l'assassinat de deux de leurs collègues par des détenus, dans les prisons de Rouen et de Clairvaux.

Un petit jogging automnal

Aux premiers jours de novembre 1992, je profite d'un soleil radieux pour aller courir. La saison des marathons reprend dans quelques semaines, et je veux améliorer mes performances. Tous les matins, je prends ma vieille Fiat Uno pour me rendre dans un parc boisé d'Antibes.

Ce matin-là, lassé par le parcours habituel, j'aperçois en contrebas du parc le parcours sportif de la ville voisine. Réservé aux ingénieurs en informatique de Sophia-Antipolis, il me semble assez propre et bien équipé en agrès divers et variés. Je coupe donc à travers ce petit bout de forêt, au milieu des broussailles et des résineux. Quelques mètres derrière moi, j'entends craquer des brindilles et des aiguilles de pin séchées. Je me retourne : deux coureurs qui ont sûrement eu la même idée que moi… Je continue ma progression, satisfait de ma forme physique et de mon souffle. Pourtant, un sentiment de malaise m'envahit. Pourquoi les deux sportifs derrière moi portent-ils des bonnets enfoncés jusqu'aux yeux et des écharpes remontées jusqu'au nez ? Il ne fait pourtant pas froid…

Tout va ensuite très vite. J'entends les bruits de pas. Je veux me retourner, mais reçois un violent coup sur la nuque. À l'intérieur du crâne, le coup provoque un bruit sec et claquant, comme une bouteille en plastique pleine d'eau qui se fracasse au sol après une chute de plusieurs mètres. Un éblouissement blanchâtre me submerge, et je m'écroule lourdement au sol. À partir de cet instant, mes agresseurs se lâchent ; les coups pleuvent, secs et drus, tels les grêlons d'un orage de fin de printemps. Je reçois des coups de pied dans le ventre, sur les bras, un peu partout. Un de mes agresseurs s'assied sur mon dos et maintient mes bras immobilisés le long de mon corps. Alors, à cet instant et à cet instant seulement, l'autre agresseur commence à me décocher une série de coups de pied ciblés et bien vicieux. Il shoote de toutes ses forces dans ma tête comme s'il tirait un penalty. Je ferme les yeux et j'attends, impuissant mais encore conscient. Ma tête valdingue de droite et de gauche et, à chaque impact, ma nuque semble se déchirer. Tout se fait en silence, sans que le moindre mot soit prononcé. J'avais déjà reçu des coups dans ma jeunesse, mais jamais de cette manière sauvage, implacable et professionnelle. C'est étrange, je ne ressens pas de douleur violente, juste les impacts et la sensation de craquement de mes os.

Je crois que les coups ont cessé… Deux énormes jets de sang commencent à gicler de mon nez. Mais les coups reprennent dans mon dos. Je suis comme un pantin désarticulé. Dans le brouillard de mes pensées, je me dis : « Ferme les yeux, putain ! Le gars derrière toi tape comme un malade pour t'assommer, donne-lui ce qu'il veut voir ! Ferme les yeux et fais le mort ! » Alors je ferme les yeux, comme si je perdais connaissance, et les coups cessent. Rapidement, une indicible terreur m'envahit. Je sens une main qui me soulève vers l'arrière, j'entends le bruit caractéristique d'une lame de cutter qu'on ouvre : j'ai alors le sentiment effroyable qu'on va m'égorger. À cet instant précis, tout s'éteint. Je sombre dans l'inconscience, la vraie. Je pense que je me suis évanoui de peur devant l'imminence de ce que j'avais pris pour les prémices d'un égorgement.

Une douleur brûlante entre les omoplates et un bruit d'aérosol me sortent de ma torpeur. Immédiatement, je me dis que mes deux agresseurs ne m'ont pas égorgé et qu'ils m'aspergent de produit lacrymogène pour sécuriser leur fuite. J'ouvre les yeux : deux jets de sang giclent encore vers le sol, par saccades. Je porte mes mains à ma gorge. Je réalise alors qu'il s'agit toujours de l'hémorragie nasale, et non d'une hémorragie due à un sectionnement des carotides ou des jugulaires. Pour stopper le saignement, je me couche sur le dos. Je reprends peu à peu mes esprits. J'ai sans doute le nez cassé, mais je sens une odeur qui me ramène à la vie : une odeur de mousse humide et de champignons. Allongé sur la terre légèrement mouillée de rosée, cette odeur d'humus me replonge dans mon enfance, quand j'allais cueillir des champignons avec mon grand-père dans la montagne noire, dans un endroit appelé « les Martys », petit coin perdu entre l'Aude et le Tarn. Je vois les yeux bleu clair et bienveillants de mon grand-père, et je reprends possession de mon corps meurtri. Je remue avec précaution chaque articulation de mes doigts, de mes jambes. Je suis soulagé : j'ai mal, mais tout bouge. J'avais peur d'une fracture aux cervicales. En revanche, une douleur agressive du côté gauche de l'abdomen me panique : je crains d'avoir la rate éclatée, avec un risque probable d'hémorragie interne. Il faut que je me rende immédiatement dans une gendarmerie et que les pompiers me conduisent aux urgences.

J'oublie ma brûlure dans le dos et me mets à genoux, puis debout. Je remonte vers mon véhicule, doucement, trop doucement. Parvenu au bord de la route, je vois une petite voiture rouge passer. Le conducteur me regarde, je crois que j'essaie d'articuler « Au secours ! », mais les mots restent coincés dans ma gorge. Le type remonte sa fenêtre, accélère et disparaît. Un grand courageux et un citoyen modèle. Mon visage ensanglanté n'a pas dû lui paraître sympathique. Je ne veux pas mourir !

Je me retrouve devant ma voiture, les clefs de contact sont encore dans la poche zippée de mon pantalon de jogging. Le véhicule démarre, je passe la première, puis la seconde, puis plus rien. Je suis en état de choc et en pleine crise de tétanie : mes doigts enserrent le volant comme des griffes métalliques. Mes mains restent irrémédiablement soudées au volant, et je fais crier le petit moteur en accélérant ; il m'est impossible de passer en troisième. Jamais véhicule terrestre à moteur n'est allé aussi vite en seconde. Je ne veux pas mourir ! Le moteur hurle, proteste, mais je n'ai plus qu'une idée : arriver au plus vite à la gendarmerie, puis à l'hôpital. La douleur lancinante dans mon dos me fait craindre également un coup de couteau à cet endroit. Je tente d'accélérer encore davantage, mais à l'impossible nul n'est tenu, surtout pas une vieille Fiat déglinguée. J'approche de la gendarmerie de Mouans-Sartoux, obnubilé par l'idée que j'ai pris un coup de couteau entre les omoplates. J'entre dans la cour de la gendarmerie et freine brutalement, jusqu'à faire caler le moteur. J'essaie de crier. Mes mains ne veulent toujours pas se détacher du volant. La douleur qui me vrille le flanc gauche me coupe le souffle. Je ne veux pas mourir d'une hémorragie interne !

Je penche alors mon visage en avant et, du menton, enfonce le klaxon. Des militaires de la brigade de gendarmerie arrivent enfin. La présence de militaires en uniforme me réconforte. Je ne vais pas mourir. On décroche mes doigts du volant, on m'allonge au sol en position latérale de sécurité et on me rassure : les pompiers sont en route. Je demande à un gendarme de m'examiner le dos. Il fait l'état des lieux : pas d'orifice d'entrée de lame, mais des entailles de la nuque aux reins et, tagué avec de la peinture aérosol noire, à même la peau, le mot « DEAD ». Effectivement, ce jour-là, ma naïveté et mon innocence sont mortes à jamais.

Après, ce fut le rodéo habituel : sirènes, pompiers, intraveineuses, admission aux urgences, radios, scanner, fractures, analyses, examens, ouverture d'information judiciaire, rencontre avec un médecin légiste, interrogatoire des gendarmes, etc.

J'ai su quelques mois plus tard que cette agression avait été commanditée par un jeune truand de 20 ans qui avait fait une fixation haineuse sur moi car je l'avais placé au quartier disciplinaire de la maison d'arrêt. C'est un vieux criminel du coin, voulant négocier une libération conditionnelle et finir tranquille ses vieux jours, qui me l'a raconté. Mon agression « sur contrat » avait coûté, à l'époque, 25 000 francs… soit 3 800 euros. Presque 2 000 euros par agresseur. Une misère… Dans ce milieu, combien vaut une vie humaine ? Pas très cher, à en croire les tarifs de l'époque.

Les personnels pénitentiaires qui ont fait l'objet de véritables agressions « sur contrat » ne sont pas aussi rares qu'on pourrait le croire. Je pense à ce directeur de prison abattu dans les rues de Nice, à cet autre qu'un commando armé et cagoulé a obligé à libérer un détenu s'il voulait retrouver saine et sauve sa famille, que d'autres criminels avaient prise en otage et ceinturée d'explosifs. Je pense aussi aux personnels enlevés, passés à tabac, et sur lesquels on a pratiqué des simulacres d'exécution dans les maquis corses. Je pense encore au surveillant de Saint-Étienne à qui on a déchiré les jambes et un bras à coups de fusil à pompe, à tous ceux qui furent agressés ou menacés moyennant finance. Je pense enfin à tous les collègues qui ont vu leur véhicule brûler ou qui se sont rendu compte avant l'accident que leurs freins avaient été sabotés. Je pense enfin à la grenade quadrillée jetée dans la voiture d'un officier pénitentiaire travaillant dans cette prison aixoise balayée par le mistral.

L'accessoire et l'essentiel

Avec le recul, je comprends que mes erreurs de jeunesse aient été payées cash et sans crédit. Dans cette région, les représailles ou menaces de représailles finissent par faire partie du quotidien, une routine empreinte de fatalisme et de résignation. Finalement, il faut vivre avec cette épée de Damoclès et tenter de conserver son équilibre psychique, apprendre à ne pas sombrer dans la paranoïa mais à s'armer d'une méfiance raisonnée.

À l'époque, je me suis trouvé pris dans le tourbillon d'une jeunesse qui se cherche et veut coûte que coûte s'exprimer, y compris par la violence extrême. Le jeune truand en détention provisoire qui a commandité mon agression n'avait jamais eu l'habitude que quelqu'un se mette en travers de ses désirs. Dans son milieu, l'argent ou la brutalité avaient toujours le dernier mot. D'ailleurs, la dernière personne qui avait osé le contredire s'était retrouvée un petit matin avec plusieurs balles de gros calibre dans la tête. Le juge d'instruction, très jeune lui aussi, a essayé de « faire un coup » en instruisant cette affaire parce que ce détenu, issu d'une famille très renommée de la région, était une cible de choix pour se faire un nom. Il pensait peut-être pouvoir dire plus tard qu'il avait « fait tomber X », comme Eliot Ness avec Al Capone. Il a cru que, en demandant à la pénitentiaire de placer le jeune détenu en isolement strict, celui-ci craquerait et finirait par avouer... Quel manque de psychologie ! C'était bien mal connaître ce garçon qui, malgré son jeune âge, était déjà un vrai dur. Un de ses oncles était un élu charismatique de Haute-Corse, un autre avait signé une page d'anthologie de la pègre corso-marseillaise de la grande époque, celle des Mondoloni et des Guérini. Bon sang ne saurait mentir.

Bien loin de craquer, comme le juge d'instruction l'espérait, le jeune homme a nourri un sentiment de haine encore plus grand. Cette colère s'est retournée contre les personnels pénitentiaires, et en particulier contre moi. Dans notre jargon, on appelle cela « faire une fixette ».

Alors, à qui la faute ? D'abord à l'immaturité et à l'arrogance. Le détenu était arrogant et impulsif, le juge d'instruction de même, et je ne valais guère mieux. Au final, on a assisté à un combat de coqs entre trois jeunes hommes. Dans une confrontation de ce genre et dans une région où la pègre prospère, je n'avais pas forcément l'avantage. Hélas, dans ce type de situation, le pénitentiaire est souvent plus vulnérable que le magistrat et, bien sûr, que le truand.

La vulnérabilité d'un directeur de prison tient d'abord à l'endroit où il habite : les logements de fonction des cadres pénitentiaires se trouvent dans des lotissements isolés et sans protection et, surtout, juste à côté des prisons. Un régal pour l'esprit joueur des voyous en tout genre, qui, juste pour intimider, ont incendié des véhicules de directeur, les ont plastiqués ou les ont faits sauter avec une grenade quadrillée, projetant des éclats à des centaines de mètres à la ronde. Donc, en ce mois de novembre 1992, je me suis fait la promesse de ne jamais plus exercer dans le « sud du Sud ».

De la culture de la non-action à la culture de la gestion de crise

Pour nombre de directeurs de prison, il devint urgent dès le milieu des années 1990 de réfléchir sur les valeurs du service public pénitentiaire, autour de deux axes forts : la prise en charge sociale et globalisante des publics incarcérés et la réaffirmation de l'autorité de l'État. Cette dernière était indispensable pour faire de l'administration pénitentiaire la troisième force de sécurité de l'État. Les choses évoluèrent de façon particulièrement rapide sous l'impulsion du garde des Sceaux et du préfet directeur de l'administration pénitentiaire en 2003. Grâce à eux, les personnels pénitentiaires commencèrent à devenir un peu moins souvent les paillassons de la violence régnant dans les prisons et au-dehors d'elles. Nous commencions enfin à parler de « déontologie professionnelle » et de « codification des pratiques » de la surveillance et de l'observation pénitentiaires.

La réflexion sur la spécialisation des missions de sécurité pénitentiaire a pu être menée à son terme, entraînant la création d'un véritable service central de renseignement pénitentiaire ainsi que d'équipes d'intervention spécialisées dans le maintien de l'ordre en milieu carcéral : les équipes régionales d'intervention et de sécurité (ERIS).

Alors, en ce mois de novembre 1992, en même temps qu'une sévère agression, j'ai pris ma première grande leçon de pénitentiaire : en toute circonstance, respecter ses interlocuteurs, rester humble, savoir plier comme un roseau pour ne pas rompre comme un chêne, et ne surtout pas devenir un nain qui se prend pour une tour Eiffel. J'ai appris dans la douleur qu'on peut tout dire si l'on y met les formes et si l'on adopte un ton de compréhension et d'humilité. J'ai appris à reconnaître mes limites dans le rapport à autrui, surtout avec les détenus. Dans un milieu comme le mien, la moindre erreur doit être assumée sans filet et presque sans protection, car tout se passe dans un face-à-face en milieu clos où personne, ni le détenu, ni le pénitentiaire, ne peut échapper à ses obligations ni à ses responsabilités. Le droit à l'erreur n'existe pas chez nous… ou alors si peu.

L'importance des mots et l'éthique des regards

Je sais désormais que certains regards ou certains mots, entre les quatre hauts murs d'une prison, peuvent blesser, provoquer des envies de vengeance. Les mots, parfois, peuvent aussi tuer, comme ce fut le cas en 2008 dans une maison centrale des Hautes-Pyrénées, où un détenu a été presque décapité par deux codétenus qu'il avait insultés par la fenêtre.

Je sais désormais qu'une prison ne peut fonctionner que si les détenus sont d'accord pour qu'elle fonctionne, et que ces derniers, malgré les actes délictueux ou criminels qu'ils ont commis, ont une énorme capacité d'obéissance. À l'exception des grands psychotiques ou des psychopathes, les détenus peuvent facilement respecter la réglementation de la prison, souvent parce qu'elle les protège de l'arbitraire – pas de l'arbitraire de l'État, mais de celui de la loi des gangs et du crime. La loi du code pénal comme celle du code de procédure pénale sont dures, mais protectrices.

Les détenus ont paradoxalement un seuil de tolérance particulièrement élevé aux frustrations de la vie carcérale et à la répétition des contraintes sécuritaires. En général, l'enfermement, surtout dans les maisons d'arrêt, est moins bien vécu pendant les fêtes de fin d'année ou les vacances d'été, où l'activité judiciaire se ralentit.

En revanche, sitôt que les contraintes pénitentiaires pèsent sur leur famille, ce seuil de tolérance diminue considérablement. Ainsi, le parloir, quelle que soit la catégorie d'établissement pénitentiaire considérée, est un endroit particulièrement sensible. De fait, la famille du détenu n'est coupable d'aucune faute qui puisse justifier qu'elle soit soumise à des punitions indirectes. Nombre de problèmes survenus aux parloirs avec les familles de détenus peuvent susciter une rancœur au sein de la population carcérale, jusqu'à l'incident individuel ou collectif violent.

Chapitre 10

« Elle »

Exercer dans le milieu carcéral permet de faire des milliers de rencontres, certaines passionnantes, d'autres redoutables de violence ou d'agressivité macabre. La pire de toutes, celle que les jeunes fonctionnaires pénitentiaires redoutent le plus, est la rencontre avec « Elle », la « faucheuse ». Dans notre pratique professionnelle, « Elle » n'est jamais la bienvenue, car elle frappe indifféremment les jeunes et les vieux, les innocents et les coupables, les détenus et les personnels pénitentiaires.

Mektoub

Comme je l'ai déjà souligné, le sujet du suicide en prison oblige à une grande prudence et à une grande humilité. Les jeunes fonctionnaires qui débutent chez nous sont rapidement et parfois douloureusement confrontés à une limite infranchissable : nul ne peut empêcher un autre individu, quel qu'il soit et où qu'il soit, de mettre fin à ses jours s'il en a décidé ainsi. En règle générale, un suicide ou une tentative de suicide survient immanquablement dans les jours ou les semaines qui suivent une prise de fonction. Ce sont souvent les premières situations de violence extrême et de remise en cause que nous avons à gérer, la première épreuve du feu, la confrontation avec le sang, les chairs déchirées, la mort parfois.

De cette cruelle et violente confrontation pourra naître un sentiment de frustration face à une personne détenue que l'on n'a pas pu sauver de ses pulsions suicidaires. Il existe des détresses qui restent à l'intérieur, indétectables. Accepter la mission pénitentiaire, c'est supporter de faire au mieux dans ce domaine et accepter des échecs qui viennent ruiner temporairement tous les efforts de prévention entrepris. Il faudra continuer de travailler même si, une nuit, on a décroché un détenu suicidé par pendaison sur qui l'on a pratiqué un massage cardio-respiratoire en vain. Il faudra accepter que cet homme meure alors qu'on s'est acharné à pousser rythmiquement sur son thorax pour qu'il vive, en espérant que le SAMU arrive assez vite avec un défibrillateur. Même si depuis 2009 nous possédons des défibrillateurs automatiques, et même si des personnels pénitentiaires sont spécialement formés à leur utilisation, nous ne pouvons pas toujours repousser les mauvais hasards ou les malchances persistantes.

Il faudra malheureusement accepter que la mort arrive à passer ainsi, inexorablement. Dans le monde arabe, on a coutume de dire « *mektoub* », ce qui veut dire « c'était écrit ». Ce fatalisme peut choquer, mais parfois il ne sert à rien d'essayer de lutter contre l'inexorable. Les destins se montrent inflexibles, aussi inflexibles que certaines envies de mourir.

Souvent, quand « Elle » pénètre dans une prison, c'est pour mieux nous faire toucher du doigt la difficulté de notre mission, ses limites. À l'extérieur, « Elle » peut frapper au hasard – un chauffard alcoolique qui vient percuter une moto, un molosse en folie qui dévore un enfant, un avion de ligne qui pulvérise un immeuble… Dans une cellule, la mort autre que naturelle ou de maladie est le fait de quelqu'un à qui, en principe, on devrait faire confiance : soi-même. Quand une tempête de solitude et de désespoir s'empare de l'âme d'un homme, que dire, que faire ?

Je sais avec certitude que, face à ce déchaînement de douleur, on peut décider de laisser tomber. Je sais que, immergé dans des eaux noires et glaciales qui paralysent les sens et la raison, on peut décider de laisser partir l'air de ses poumons, de respirer le liquide sombre et froid pour se laisser couler jusqu'à l'éblouissement final. En l'absence d'espoir, de joie et d'envie de continuer, une fois qu'on a prié, crié, imploré, hurlé, que reste-t-il à faire ? Continuer ? « À quoi bon ? » se dit-on parfois. Alors, et alors seulement, vient l'idée de mourir. Cela peut arriver sans prévenir, par désespoir peut-être. Par lâcheté aussi, un peu.

Le reste ? Le reste est si facile ! Il suffit d'avaler quelques médicaments psychotropes, de se tailler une veine jusqu'à l'os pour en faire gicler la vie, de récupérer une arme dans un placard. Dans cette situation, on ne raisonne plus. C'est comme un crépuscule des sens, une anesthésie de l'esprit, une convocation à un rendez-vous de fin du monde. Une fois la décision prise, tout devient comme cotonneux, on n'a plus mal, plus peur, plus rien !

C'est un choix intime, éminemment désespéré, mais très personnel. Chacun peut être paradoxalement persuadé qu'il est libre de décider quelle douleur il n'entend plus endurer. On ne voit plus qu'une seule couleur, le noir, un putain de noir mat, glacé et métallique. Alors on se retrouve avec une arme dans la main, chargée de quinze cartouches, alors qu'une seule sera bien suffisante… Puis on commence à chercher l'angle de tir le plus efficace. On enlève quatorze cartouches du chargeur pour n'en laisser qu'une. Lorsque l'arme aura tiré dans la bouche, il faut qu'elle retombe avec un chargeur vide pour ne blesser personne quand on trouvera le corps. On se surprend à penser à ces détails si techniques et si précis en cet instant-là. On est surpris par son propre détachement par rapport à la mort imminente. Le chargeur de l'arme coulisse dans son emplacement, les mains ne transpirent presque pas – en tout cas, elles ne tremblent plus.

Une petite traction sur la culasse, et ce sera presque fini, la balle sera dans le canon, le percuteur sera armé, et il ne restera plus qu'à appuyer en fermant les yeux. Le claquement sec et métallique de la culasse qui revient en avant résonne faiblement, les oreilles sont comme bouchées. La balle est dans le canon et le percuteur est armé. Il faudra ensuite mettre l'orifice de l'arme dans la bouche. Le canon a le goût bien merdique du gasoil avec lequel on l'a nettoyé, du lubrifiant aussi. Juste un dernier regard avant d'éteindre les lumières, les yeux ne voient presque plus. Les mains serrent la crosse du pistolet pendant que le pouce droit vient se loger sur la queue de détente. On ne voit presque plus rien, et pourtant… On sent sous le pouce le petit mouvement de la course morte de la queue de détente. Le percuteur est tendu comme un arc et n'attend plus qu'une infime pression avant de cracher la mort.

Les détenus se rassurent souvent en disant, à la suite de Nietzsche, que ce qui ne les tue pas les rend plus forts… J'ai souvent observé que « gardiens » et « gardés » ont des destins qui ressemblent à des rails de chemin de fer : parallèles, ils ne se croisent jamais, ou rarement, mais vont au même endroit. Les uns et les autres peuvent atteindre les limites de ce qu'ils sont capables d'endurer et penser à se donner la mort parce que la vie n'apparaît plus que comme une souffrance, une asphyxie. Combien de policiers, de gendarmes ou de pénitentiaires ont ressenti cette sombre lassitude qui les a conduits dans les bras languissants de la mort ? La proximité et la familiarité de l'usage d'une arme facilitent ce « transport » vers l'autre côté, celui d'où l'on ne revient jamais. Il faut parfois avoir le courage de le reconnaître et de l'intégrer dans sa vie personnelle et professionnelle. Un homme à la dérive peut trouver son seul recours dans un geste désespéré. Un détenu qui se pense perdu dans son parcours de vie pourra recourir au suicide, à la prise d'otage, en un geste d'une violence et d'un désespoir infinis…

Il existe heureusement des mots qui peuvent apaiser, reculer ou repousser définitivement l'échéance. Des mots pour dire les maux, sans banaliser ni culpabiliser. On peut plus facilement comprendre, accepter et faire face au désespoir de certains détenus si l'on a été soi-même dans une situation semblable, « patiné » par les épreuves de la vie et ses inévitables brisures. Quand « Elle » est passée près de soi ou de ses proches, on prononce de manière instinctive les mots qui vont atténuer l'effroi de l'avoir vue d'aussi près ou la culpabilité éprouvée pour avoir voulu la rencontrer.

Je garde en mémoire les mots de Paul Valéry : « Le rire est salutaire pour le corps, mais ce sont les chagrins qui forgent la force de l'esprit. » J'ai la chance d'avoir connu les deux, comme homme et comme directeur de prison. Je m'en sens davantage rempli d'humanité, de compréhension, de courage, de force et de détermination. Ma profession éveille aux autres et, contre toute attente, fait aimer la vie et la liberté… Car on ne parle jamais autant de liberté que dans une prison !

Les maîtres du sablier

S'ouvrir aux autres est une expérience qui nous grandit, mais peut aussi nous égarer. Une prison n'a que faire des menteurs ou des naïfs. Il faut toujours capitaliser sur ce qui est possible avant de tirer des plans sur la comète. Je n'ai jamais envié Don Quichotte ! À l'intérieur d'une prison, rares sont les occasions d'enfoncer des portes ouvertes.

Mon métier consiste à essayer de faire accepter l'inacceptable aux détenus et, parfois, aux surveillants ou à leurs familles – notamment en cas de suicide d'un personnel en service. Je dois trouver les mots justes face à un détenu qui vient d'être condamné à la prison à vie. Je dois tenter de le mettre sur le chemin où il pourra commencer à affronter une réalité qui, à bien des égards, peut apparaître désespérante.

Tel le maître d'un sablier géant, je dois alors « replier » le temps pour que les détenus ne perdent pas espoir. Je dois veiller à ce qu'ils puissent s'oxygéner. psychiquement et éviter ainsi de sombrer. Je vais faire en sorte de leur donner un repère temporel, une date approximative vers laquelle ils pourront essayer de se projeter avec espoir. Ce n'est pas seulement l'altruisme et la compassion qui guident ma pratique professionnelle, mais aussi le fait qu'un détenu désespéré est dangereux pour lui-même et pour autrui. Ainsi, un condamné à la réclusion criminelle à perpétuité n'assimilera jamais sa condamnation, mais se fixera une borne psychologique en se disant que, sa période de sûreté étant de dix-huit ans, il sera probablement libéré après vingt ou vingt-cinq ans de prison.

Mon métier consiste à vendre des années de prison à des personnes détenues qui ne veulent pas les acheter. La justice pénale et l'État ne font pas crédit. Lorsqu'on y pense, se dire qu'on va passer sa vie en prison, y vieillir puis y mourir éventuellement donne le vertige. Mon travail est de trouver de l'espoir là où tout incite à le perdre. La formation et l'expérience nous conduisent finalement à avoir des attitudes, des comportements, des réflexes normaux dans des situations qui sont profondément anormales. Nous devons remettre de la logique là où il n'en existe pas ou plus, remettre de l'ordre dans le désordre et le chaos.

Les suicides en prison

En presque vingt ans de carrière, j'ai ramassé des cadavres de détenus plus que je ne l'aurais souhaité, certains soirs et petits matins où la détresse et le remords avaient hurlé trop fort dans leur tête, pour se taire par le truchement d'un lacet ou d'une corde, d'une lame tranchante ou d'une quantité mortelle de médicaments. Je me rappelle chacun de ces cas dans ses plus infimes détails. Le suicide d'un détenu est toujours vécu comme un échec par l'institution pénitentiaire et par ses personnels. Pour certains de ces détenus arrivés en bout de course, au bout de tout, je n'ai même pas pu téléphoner à leur famille pour l'informer du drame : il n'y avait personne à prévenir… Ils étaient seuls au monde. Pour ceux-là, la solitude a frappé, même après leur décès. J'ai vu des détenus ou des surveillants participer ensemble à des massages cardiaques et crier de joie après avoir fait repartir un cœur qui s'était arrêté. J'en ai vu d'autres s'acharner à ventiler des thorax vides de vie ou à faire du bouche-à-bouche au-delà du dernier souffle pour que l'homme à terre puisse avoir une nouvelle chance… en vain. De cela, on ne parle jamais dans une certaine presse, où l'on préfère entretenir dans l'opinion publique le fantasme malsain de surveillants se réjouissant du suicide d'un détenu, voire le facilitant… Plus le mensonge est gros et plus on y accorde de l'attention.

Combien y a-t-il de suicides dans les prisons ? Quel que soit leur nombre, ce sera toujours trop : 109 en 2008, 115 en 2009. Si, d'une année sur l'autre, il nous arrive de constater une diminution du nombre de détenus qui se suicident, cela sera bien évidemment repris comme un argument et un motif de satisfaction manquant d'humilité ou de réalisme. En vérité, le nombre de suicides fluctue selon des cycles irrationnels et inexpliqués, et, d'une année sur l'autre, à efforts de prévention égaux et constants, il pourra augmenter ou décroître. Les médias préfèrent parfois comptabiliser les échecs d'un système plutôt que ses réussites.

L'administration pénitentiaire s'est engagée de manière particulièrement volontariste dans la prévention des crises suicidaires des détenus. Ces efforts ont été démultipliés depuis 2007. Les personnels de surveillance, gradés et officiers chargés de l'accueil des nouveaux détenus, sont systématiquement informés lors de modules de formation continue. Des outils d'observation comportementale ont été mis en place avec l'aide de psychiatres spécialisés dans ce domaine afin de mieux évaluer les vulnérabilités des détenus fragiles. Des cellules expérimentales conciliant les grands principes de la prévention du suicide et ceux de la dignité humaine vont être créées et détermineront si, d'un point de vue ergonomique, certains locaux ou matériaux peuvent diminuer les facilités pour un détenu de se pendre ou de s'automutiler. Enfin, et sans tomber dans un atavisme de mauvais aloi, on peut souligner que la France compte parmi les pays occidentaux où les habitants consomment le plus de médicaments psychotropes et se suicident le plus. Le taux de suicide au sein de la population française non incarcérée étant particulièrement élevé – la

France est au troisième rang européen, juste derrière l'Autriche et la Finlande –, il trouve logiquement son corollaire dans un fort taux de suicide carcéral, sur une population par nature fragilisée.

En janvier 2009, le magistrat Philippe Bilger, avocat général à la cour d'appel de Paris, écrivait dans *Marianne* : « Avec quelle volupté amère et vengeresse certains médias rapportent-ils les statistiques alarmantes sur les suicides en prison depuis le début de cette année 2009 ! Je ne leur ferai pas l'injure de penser qu'ils s'en réjouissent, mais en revanche il est clair qu'ils veulent s'en servir comme d'une machine de douleur, de tragédies à exploiter contre cet univers pénitentiaire dont ils ne cessent de dénoncer le principe aussi bien que la matérialité et les modalités. [...] Je ne prétends pas dégager la responsabilité de l'administration pénitentiaire, mais la dissuader de se couvrir de cendres comme si elle pouvait TOUT empêcher, TOUT interdire. »

En effet, en prison, on ne peut pas tout empêcher, tout interdire, et c'est d'autant plus souhaitable que nous sommes en démocratie et que même les personnes détenues ont un droit inaliénable au libre arbitre. Le discours tenu par certains médias est parfois lourd de conséquences. Les professionnels de la prison ont observé que plus la presse amplifie le problème du suicide en prison, plus le nombre de suicides augmente, par mimétisme et contagion. Ce phénomène a été observé par l'Inserm (Institut national de la santé et de la recherche médicale) dans la société française du début des années 1980. En effet, depuis des dizaines d'années, le taux annuel de suicides en France varie en moyenne autour de 9 à 11 pour 100 000 habitants. Ce taux a connu une augmentation irrationnelle en 1985, puisqu'il est monté à 33 suicides pour 100 000 habitants. Aucun drame ou bouleversement ne pouvait alors justifier rationnellement cette augmentation de plus de 300 %. Les observateurs avisés remarquèrent qu'en 1986, avec les élections législatives et la première cohabitation politique, les médias avaient trouvé dans le couple Mitterrand-Chirac un vivier inépuisable de reportages et de sujets d'information. On parla moins du suicide dans les médias. Le taux de suicides des années 1986 et 1987 retomba dans la moyenne de 11 pour 100 000 habitants.

Les « gens d'armes »

À la mémoire de Jean-Pierre.

Quand on parle du suicide en prison, on ne doit pas oublier celui des personnels pénitentiaires et, en particulier, des surveillants. Ainsi, en 2009, 17 surveillants se sont suicidés au sein de l'administration pénitentiaire. Je ne compte plus le nombre de fois où « Elle » s'est trouvée sur mon chemin. Certaines de ces rencontres ont été plus difficiles, plus pénibles que d'autres. Une des pires eut lieu un petit matin dégueulasse de 2004, dans les Yvelines.

Comme chaque jour, je me rends à la maison d'arrêt de Bois-d'Arcy, située à quelques centaines de mètres de mon logement de fonction. Je regarde les énormes corbeaux noirs dévorer les restes de nourriture laissés par les familles de détenus qui viennent en visite aux parloirs. Un jour, il faudra qu'un spécialiste en ornithologie m'explique pourquoi les abords des prisons sont toujours infestés de corbeaux, de pigeons ou de mouettes… À mon entrée dans la maison d'arrêt, l'atmosphère me semble inhabituellement silencieuse et grave. Un gradé, présent à côté du poste de contrôle, m'apprend que le surveillant en poste dans le mirador n° 1 ne répond plus – ni au téléphone, ni à l'interphone, ni sur l'émetteur-récepteur de radiocommunication. Ses collègues des miradors n° 2 et 4 ne le voient plus, pas même en utilisant leurs jumelles grossissantes de longue portée.

Le poste de surveillance du mirador semble vide.

Je demande le nom du surveillant en poste dans ce mirador, et je comprends pourquoi ce silence fait régner une atmosphère pesante. Je connais bien le jeune agent qui ne répond pas à nos appels. C'est un gentil garçon prénommé Jean-Pierre, timide mais sérieux, récemment sorti d'une carrière militaire honorable car plutôt opérationnelle. Je crois qu'il était dans les commandos parachutistes de l'armée de terre et qu'il a participé à la force armée internationale d'interposition durant la guerre du Kosovo. Ma femme et moi l'avions pris en stop quelques semaines auparavant, car il n'avait plus de voiture. J'avais appris à cette occasion que sa concubine venait de le quitter, emmenant avec elle la voiture et… sa petite fille. Qui mieux que moi pouvait comprendre son état d'esprit ? Par pudeur ou timidité, il n'en parlait jamais à sa hiérarchie et rarement à ses collègues. Il avait été orienté vers une psychologue, qui nous avait indiqué qu'il semblait stabilisé. Malgré cette discrétion, il paraissait porter sur ses épaules le poids d'une grande souffrance.

Il allait prendre son service en faisant de l'auto-stop, mais il était toujours ponctuel. Bien que quelques informations aient rapporté qu'il buvait pas mal d'alcool, jamais il ne fut aperçu en état d'ébriété durant son service. C'était un homme tout ce qu'il y a de respectable, pas fanfaron ni agressif, un garçon honnête et gentil. Rien dans son comportement ne laissait penser qu'il ruminait encore cette séparation, ni surtout qu'il avait atteint le bout du bout. Il avait perdu espoir au point de décider de ne plus jamais plonger ses yeux dans ceux de sa fillette, qu'il adorait, mais qu'il ne voyait plus aussi souvent qu'il le souhaitait. Pour avoir connu le même vide, je sais combien cette épreuve a pu être difficile pour lui. Je suis encore perdu dans ces pensées matinales moroses quand un commandant et un lieutenant se dirigent vers moi avec une clef spéciale pour ouvrir la porte du mirador depuis l'extérieur. Celui-ci se trouve à une centaine de mètres, mais on peut déjà apercevoir une tache de couleur rouge au niveau de la porte métallique qui permet d'atteindre le poste de surveillance. À côté de nous, trois élèves surveillants, qui devaient monter dans le mirador dans le cadre de leur formation, sont figés sur place et n'osent même plus bouger. Je leur demande de ne pas nous suivre. L'une des stagiaires a déjà du mal à retenir quelques sanglots convulsifs.

Je me dirige donc vers le mirador avec deux officiers, deux gradés et un surveillant. Nous savons qu'« Elle » est revenue rôder en ces lieux. « Elle » est déjà partie, mais nous a laissé les tristes traces de son passage, et c'est à moi que revient la difficile tâche de contempler son œuvre macabre, une fois de plus… Je pourrais me défiler, comme beaucoup, et laisser cette besogne à mes officiers ; je pourrais prétexter l'urgence de prévenir ma hiérarchie de cette tragédie pour ne pas me retrouver à nouveau devant un cadavre. Je pourrais le faire, mais quel chef, quel patron et quel homme serais-je alors ?

Je viens probablement de perdre un de mes hommes en chemin et je ressens le devoir d'aller une dernière fois à sa rencontre. Cet ultime hommage, je le dois à ce jeune garçon. Je me le dois à moi-même aussi, pour avoir connu et traversé indemne la même épreuve. Je ne peux m'empêcher alors de penser qu'il existe un espoir, qu'il s'est peut-être raté et s'est juste blessé… Je me rappelle cette jeune surveillante de la région lyonnaise qui, quelques mois auparavant, s'est tiré une balle dans la bouche et n'est pas morte. La balle a dévié et lui a juste arraché la mâchoire. C'était là aussi dans un mirador. Parfois, les lois de la balistique sont cruelles, capricieuses et étranges.

La quantité et l'épaisseur du sang qui dégouline à mes pieds depuis l'interstice de la porte métallique du mirador me laissent peu d'espoir. Dans un silence étouffant, un officier déverrouille lentement la porte blindée. Comme dans les films d'épouvante, la porte grince sur ses gonds. Les rangers en cuir noir du lieutenant baignent dans une flaque rougeâtre. La lourde porte métallique laisse s'échapper une bouffée de cette odeur de métal rouillé et humide. Je prends une profonde inspiration. J'éprouve une immense colère. J'essaie de me préparer au pire en montant le petit escalier en colimaçon. Par réflexe, j'hésite avant la première marche de crainte de salir mes chaussures avec du sang et de la matière cervicale. Je grimpe en haut du mirador comme un supplicié monte à la croix, puis je le trouve, étendu dans l'escalier, face contre terre, avec une blessure béante à l'arrière du crâne. La balle qu'il s'est tirée dans la bouche est ressortie par le sommet du crâne. Avant de redescendre, je cherche un pouls sur la carotide du jeune surveillant étendu à mes pieds. L'artère doit être vide et je ne sens que du froid et du poisseux sous mes doigts. C'est fini. Je sors un mouchoir en papier de ma poche pour essuyer ma main droite couverte de sang et d'une matière blanchâtre et glaireuse.

« Elle » a laissé son odeur et sa trace partout – sur les murs, au plafond, sur les marches, sur la rampe de l'escalier. J'ai envie de vomir et de prendre une douche brûlante pour me laver de tout ça. Pourtant je dois oublier mes godasses engluées dans le sang, les morceaux sanguinolents et filandreux qui ont ruisselé sur la veste de mon costume, mes doigts encore ensanglantés malgré le nettoyage superficiel au Kleenex. Je redescends et je préviens ma hiérarchie avec mon téléphone portable.

L'identité judiciaire et le SAMU vont bientôt arriver pour les premières constatations habituelles. Ma démarche est presque formatée, automatique, je me suis adapté à cette situation tragique... Parfois, on préférerait ne pas avoir à s'habituer à cela. Au bout du fil, j'entends la voix d'un collègue et ami prénommé Renaud, en poste à la direction régionale des services pénitentiaires, où il est DRH. Son ton sympathique me fait du bien. Je ne sais pas encore que, cinq ans plus tard, il se trouvera dans la même situation que moi. Dans un autre établissement, un autre mirador. Je m'isole à dix mètres du mirador, j'effectue quelques exercices respiratoires pour ravaler la colère et la tristesse. Je ferme les yeux et je prie en silence.

Face à nous, à une centaine de mètres, des détenus crient des insultes à notre encontre. Certains ont compris qu'un surveillant était mort et le proclament haut et fort en rigolant à la fenêtre de leur cellule. Pendant que je prie, quelques jeunes détenus chantent, raillent, applaudissent cette mort violente. D'autres lancent des jeux de mots affligeants. Je n'ai jamais vu cette joie chez un surveillant découvrant le cadavre d'un détenu, bien au contraire.

J'ai une pensée pour la famille de ce jeune homme. J'ai également une pensée amère mais lucide pour sa mémoire déjà bafouée par l'attitude et les propos inadmissibles de quelques détenus immatures. Les insultes et les grognements continuent de pleuvoir, d'autant plus bruyants qu'il est très difficile d'en identifier les auteurs, cachés derrière les barreaux de leurs cellules.

Comme toujours, il va y avoir un lendemain et un surlendemain, et nous devrons nous remettre cent fois, mille fois à l'ouvrage : éduquer, apaiser, rassurer, interdire, expliquer pourquoi nous interdisons, désamorcer, discuter, rappeler les règles, comprendre les mots cachés derrière les silences, essayer de détecter et de prévenir les envies de mourir ou de s'automutiler, discerner les fêlures que cachent les violences et les insultes, surveiller mais aussi punir, trouver des équilibres précaires, les coller bout à bout pour les additionner et les transformer en équilibres durables, ne jamais baisser les bras. Je sais que les succès dépendent essentiellement de notre propre détermination et que les victoires et les réussites peuvent résulter des carences ou des erreurs de l'adversaire, de son défaut de convictions. Or nous sommes des hommes et des femmes de convictions. Je sais que je dois m'attacher avant tout à la cohésion et à la solidité de mon personnel. Agir en homme de réflexion et réfléchir en homme d'action, faire preuve de courage, d'humilité et d'humanisme, partout et à tout moment.

Conclusion

Et l'avenir ?

L'avenir de l'administration pénitentiaire passera par la parution des décrets d'application de la nouvelle loi pénitentiaire, votée au Parlement à l'automne 2009 : ce texte législatif concrétise l'alignement des pratiques pénitentiaires françaises sur celles édictées par les règles pénitentiaires européennes (RPE). Le 11 janvier 2006, le Conseil de l'Europe a vu l'ensemble des États membres de l'Union adopter ces RPE, un ensemble de 108 règles qui replacent les pratiques professionnelles pénitentiaires dans un dispositif faisant référence aux droits fondamentaux des détenus et qui consacrent l'harmonisation de ces pratiques à l'échelle européenne. Ces règles reprennent les recommandations émises par plusieurs organes élaborant des normes de traitement des détenus, tels que le Comité européen pour la prévention de la torture et des peines ou traitements inhumains ou dégradants et la Cour européenne des droits de l'homme.

L'adoption sans réserves par la France des RPE n'est ni un feu de paille, ni un gadget, ni même un prétexte. La France ne les avait pas attendues pour se mettre en conformité avec les droits de l'homme, puisqu'elle s'est toujours efforcée de respecter les recommandations du Conseil de l'Europe, d'abord celles de 1973, puis celles de 1987.

De fait, si la prison doit s'inscrire dans un dispositif normatif et réglementaire stable, être contrôlée par une autorité indépendante et respectant la dignité humaine, cette exigence de clarté et de transparence ne doit pas occulter le fait que des pratiques de contrôle existaient bien avant les RPE de 2006. On ne peut pas jeter l'opprobre sur les centaines de magistrats du siège et du parquet, les avocats, les enseignants, les personnels soignants et médicaux qui, depuis des années, pénètrent dans nos prisons pour y travailler ou y effectuer des contrôles déjà prévus dans le code de procédure pénale. Sachant que toutes ces personnes possèdent une très haute idée du respect des droits de l'homme, pourrait-on imaginer une seule seconde qu'elles aient laissé commettre en prison des irrégularités, des violences ou des exactions ?

Bien sûr, on pourra toujours citer le témoignage de cet ancien médecin exerçant à la maison d'arrêt de la Santé. Son livre, peut-être contre sa volonté, a laissé penser que toutes les prisons françaises étaient, à l'image de la Santé, sales et vétustes. Personne ne niera le fait qu'à l'époque cette prison était en très mauvais état. Elle a commencé à être rénovée depuis. Ce n'est pas tant l'objectivité de l'auteur qui fut mise en cause par les pénitentiaires que la manière dont des groupuscules ont exploité cet ouvrage pour réduire le débat sur les prisons à un affrontement dogmatique et manichéen. À la suite de sa parution, certains médias ont véhiculé l'idée selon laquelle les prisons françaises étaient une honte pour la République. Des journalistes ont brandi l'exemple des dix à quinze prisons les plus délabrées et les plus insalubres de l'Hexagone pour faire croire à l'opinion publique que tout le système carcéral était dans cet état. Les mêmes journalistes utilisent parfois le même procédé avec les banlieues ou les hôpitaux.

Rien n'est plus simple. À l'époque, il suffisait de citer quelques prisons qui ont été fermées ou rénovées depuis : les prisons Saint-Joseph et Saint-Paul à Lyon, la maison d'arrêt des hommes de Fleury-Mérogis, Lille-Loos, la Santé, Amiens, Rouen, Orléans et une dizaine d'autres. Vous pouviez y prendre des images terrifiantes – si possible à contre-jour et dans des recoins sombres. Votre preneur de son aurait soin de ne rater aucune porte grinçante. Et, lors de la diffusion du reportage, la France se persuadait que toutes les prisons françaises étaient « pourries ». Entre les années 2000 et 2004, les documents de ce genre n'ont pas manqué.

La prison vue de l'intérieur par les journalistes

L'administration pénitentiaire a bien compris depuis quelques années que plus elle ouvre ses prisons aux médias, moins elle est vulnérable aux tentatives de désinformation. Rarement une institution ne s'est autant investie dans les efforts de communication, puisqu'elle va aujourd'hui jusqu'à proposer à des journalistes de s'immerger plusieurs jours dans une prison. Ainsi, sur les 2 000 demandes de réalisation de reportage déposées par les médias en 2009 auprès de la direction de l'administration pénitentiaire, le préfet directeur de l'administration pénitentiaire en a autorisé plus des deux tiers.

Cette stratégie de communication voulue par l'actuel ministre de la Justice et des Libertés permet d'offrir une image objective et impartiale des établissements pénitentiaires, avec leurs forces et leurs faiblesses. Les journalistes qui partagent sans aucune restriction le quotidien des personnels pénitentiaires durant plusieurs jours en ressortent obligatoirement différents.

Ces reportages me semblent particulièrement efficaces pour lutter contre l'habitude bien française qui pousse l'opinion publique à demander à l'État de remédier à tous les maux de la société, comme si ce dernier possédait une baguette magique ou la toute-puissance d'un dieu.

« Demander tout, puis son contraire »

Je suis souvent amusé de constater qu'une même personne peut critiquer le système carcéral pour son arbitraire ou sa dureté, puis changer d'avis si un membre de sa famille se fait violer ou assassiner, déclarant alors que le coupable n'est pas assez lourdement sanctionné. Je ne pense pas qu'il soit légitime de demander à l'État tout et son contraire. Que penser de ceux qui disent détester la police mais sont les premiers à la solliciter quand ils se sentent menacés ? Que penser de ceux qui critiquent la mission de l'administration pénitentiaire et les conditions de détention dans les prisons, mais qui trouveraient anormal qu'on augmente les impôts pour en construire de nouvelles ?

Bien souvent, la question cruciale des conditions de détention dans les prisons relève des arbitrages budgétaires de l'État. Combien coûte un détenu à la collectivité ? Quel est le prix de revient de la construction d'une prison ? Aujourd'hui, un détenu incarcéré dans une maison d'arrêt coûte à l'État (donc au contribuable) environ 66 euros par jour, soit 24 000 euros par an. Dans une maison centrale, où les personnels sont plus nombreux et l'infrastructure plus lourde, un détenu coûte 163 euros par jour, soit près de 60 000 euros par an. La construction d'une place de prison coûte 120 000 euros. Il suffit de multiplier ce prix par le nombre de places théoriques pour connaître le prix de la construction d'un établissement pénitentiaire. Actuellement, les programmes de construction portent sur des prisons de 700 places. Pour chaque établissement pénitentiaire qui ouvre, l'État débourse donc plus de 80 millions d'euros.

Il en va de même pour les hôpitaux ou les facultés. Les capacités budgétaires gouvernementales sont souvent très contraintes et, pour dégager des crédits de construction de nouvelles prisons, il conviendrait d'augmenter les prélèvements fiscaux. De plus, construire une prison est probablement politiquement moins « vendeur » que construire un hôpital ou une faculté.

Après la parution du livre cité plus haut, une commission parlementaire fut constituée. Des députés et des sénateurs visitèrent les prisons de fond en comble afin de rédiger un rapport qui devait servir de base à la discussion d'une loi pénitentiaire. Je me souviens d'avoir accueilli dans la maison centrale où j'exerçais à l'époque un parlementaire venu se rendre compte de l'état de la prison ainsi que des conditions de détention. Je lui fis faire le tour complet de la détention, y compris les cellules des détenus, où il trouva des locaux propres et bien rangés, avec téléviseurs, consoles de jeux, ordinateurs récents, coin cuisine, matériel hi-fi performant et flambant neuf, instruments de musique, etc. Il se tourna vers moi avec un air un peu gêné et me demanda :

« Tout cela est très bien, monsieur le directeur... Mais pourriez-vous me montrer des cellules insalubres ? »

J'ouvris de grands yeux. Ce parlementaire avait une belle allure, adoucie par le regard bienveillant d'un homme mûr qui a connu la guerre et a vu grandir de nombreux petits-enfants. Je lui répondis avec un sourire :

« Je voudrais bien vous en montrer, monsieur, mais je n'ai pas cela sous la main. Je vous ai tout montré, de la cave au grenier.

– Je vous avoue que je suis un peu gêné, monsieur le directeur, avoua-t-il à voix basse.

– Gêné par quoi, monsieur ?

– Eh bien, voyez-vous, jeune homme, je viens de visiter une prison dont le gymnase ferait pâlir de jalousie le maire d'une petite commune, des cellules bien ordonnées avec des téléviseurs neufs, des chaînes stéréo dernier cri, des instruments de musique. Comment expliquer cela à mes administrés, dont les enfants vivent parfois dans des cités universitaires vétustes et dont les grands-parents s'entassent dans de vieilles maisons de retraite ? Ils ne le croiraient pas...

– Ne voulez-vous pas plutôt dire qu'ils ne le supporteraient pas ? lui demandai-je avec quelque impertinence.

– Il y a aussi un petit peu de cela... », avait-il concédé avec franchise.

J'ai respecté le silence gêné du parlementaire. Il m'a semblé qu'il venait de saisir la complexité de la problématique des prisons, ainsi que l'injustice du débat manichéen qui s'organisait autour de l'administration pénitentiaire. Celle-ci se devait certes de rénover totalement une vingtaine d'établissements vieillissants, mais ne méritait en aucun cas qu'on la traîne dans la boue.

Quelques semaines après cet épisode, les parlementaires écrivirent dans leur rapport que les prisons françaises étaient « la honte de la République ». Une nouvelle loi pénitentiaire fut votée au Parlement, sept ans plus tard. Dans un contexte socio-économique de récession, voire de crise, il est toujours facile de s'indigner de l'état des prisons et des conditions de détention...

Pour conclure ce témoignage, j'aimerais briser des tabous et des idées reçues concernant les placements en détention dans notre pays. Je suis abasourdi d'entendre des discours très agressifs sur la surpopulation carcérale en France, alors que de grands pays démocratiques européens, comme l'Espagne, l'Angleterre, l'Autriche, l'Italie ou le Portugal, ont des taux de détention bien supérieurs aux nôtres. Les chiffres incontestés du Conseil de l'Europe concernant les taux de détention dans les pays européens (nombre de détenus pour 100 000 habitants au premier trimestre 2009) méritent d'être notés :

– France : 100 ;
– Allemagne : 95 ;
– Autriche : 108 ;
– Écosse : 145 ;
– Pays-Bas : 113 ;
– Espagne : 126 ;
– Royaume-Uni : 147 ;
– Hongrie : 150.

Je suis conscient que cet aspect ne doit pas occulter le fait que certaines prisons françaises sont vieillissantes et que les conditions de détention doivent tendre vers le principe idéal d'une cellule pour un détenu. Ce principe est déjà appliqué dans les établissements pour peines ; il conviendrait de l'élargir aux maisons d'arrêt. Le respect de ce numerus clausus, approuvé et revendiqué par la majorité des professionnels pénitentiaires et des directeurs de prison, relève d'abord de choix budgétaires et de politiques volontaristes de l'État. La modernisation du parc immobilier de l'administration pénitentiaire ne pourra être soutenue d'un point de vue politique que si des efforts aussi importants sont entrepris de manière pluriannuelle en faveur, par exemple, des hôpitaux publics, des facultés et des cités universitaires hébergeant les étudiants boursiers ou modestes. En effet, le corps social n'accepterait pas, à mon sens, que l'on rénove des prisons sans rénover par ailleurs ce type d'équipements publics.

L'avenir passera donc par un programme immobilier de construction de nouvelles prisons. Le programme actuel, démarré en 2006 et se terminant en 2012, aura permis de construire 13 200 nouvelles places de prison. Un futur programme de création de 5 000 places est actuellement à l'étude. À l'horizon 2017, la France possédera enfin l'un des parcs pénitentiaires les plus modernes d'Europe.

Mais la prison ne se résume pas aux programmes immobiliers de construction d'établissements pénitentiaires. Ceux qui vivent ou travaillent à l'intérieur – les personnels pénitentiaires et les détenus – sont ce que le système recèle de primordial, mais aussi de plus fragile, instable, aléatoire ou enrichissant.

La prison : un des derniers remparts des valeurs républicaines ?

À la base de notre mission se trouve le postulat selon lequel la prison est un des derniers remparts des valeurs républicaines. Je viens de vous démontrer que la pratique pénitentiaire dans son ensemble n'est bien souvent que la mise à l'épreuve de ce postulat.

Nous sommes juste des directeurs de prison et des fonctionnaires pénitentiaires, les rouages sécuritaires de la Justice, de la République et de l'État. Dans l'exercice de nos missions, nous avons un statut spécial – à l'instar des policiers et des militaires –, qui nous interdit le droit de grève et est dérogatoire à certaines règles applicables à d'autres fonctionnaires. Nous sommes comme une roue qui tourne et ne doit pas s'arrêter, peu importe la boue qui éclabousse. Diriger une prison de façon juste et ne pas se laisser atteindre par les agressions ou les déstabilisations venant de l'intérieur comme de l'extérieur nécessite une certaine forme d'excellence dans la compréhension, la gestion et le commandement des hommes. Un directeur de prison doit plier pour ne jamais rompre, car une bonne retraite est toujours préférable à une mauvaise victoire.

Nous gardons dans nos prisons ceux qui cambriolent vos maisons et volent vos voitures, ceux qui vendent de la drogue à vos enfants ou à vos amis, ceux qui agressent sexuellement ou violent vos filles, vos mères, vos sœurs et vos cousines, ceux qui volent votre argent et ceux qui assassinent et tuent vos connaissances et vos proches. Nous gardons ceux qui enlèvent, violent puis assassinent de jeunes enfants. Nous gardons enfin ceux qui posent des bombes et voudraient détruire, pour des convictions religieuses ou politiques, ce qui fait l'essence même de notre civilisation, de notre longue histoire démocratique et républicaine commune. Nous gardons tous ces hommes et toutes ces femmes pour vous protéger d'eux pendant une période dont la durée est déterminée par une décision de justice. Nous devons veiller à ce que ces détenus bénéficient d'une équité de traitement quel que soit le délit ou le crime commis, et d'aménagements de peine adaptés à leur personnalité et à leur situation socioprofessionnelle et familiale.

En remplissant nos missions avec impartialité et déontologie, nous veillons sur vous et vos familles. En essayant de réinsérer ces individus à leur sortie de prison, nous essayons de prévenir leur récidive et, dans le même mouvement, nous protégeons l'ensemble de la société.

Alors… quelle société pourrait se passer de nous ?

TABLE DES MATIÈRES

Avant-propos 7
La prison : un univers atypique 9
Sur le fil du rasoir 11
Une calculatrice cachée dans la poche-revolver 12
Des courtisans et des imposteurs tu te méfieras 13
Quand la grande muette recommence à parler 14

Chapitre 1. – Highway to hell 17
L'école de la solitude 19
« Agir en homme de réflexion et réfléchir en homme d'action » 21
Quelques données pour mieux comprendre l'administration pénitentiaire 22
Prison des villes ou prison des champs ? 24
Zones neutres et câbles à choc 25
Le nom de la rose 27
Le souvenir de la mort et du sang 29
Chronique d'une journée de détention ordinaire 32
Les « tauliers » s'habillent en « matons » 36
Points de rupture 38
« Tu n'as pas une tête de maton ! » 42
Les sauts en parachute ne durent jamais très longtemps 43

Chapitre 2. – Je viens d'en prendre pour dix-sept ans 49
L'administration pénitentiaire, un système « total » ou « totalitaire » ? 51
FCD : les âmes en acier trempé 54
« Tu ne mentiras pas » 57
Ad augusta per angusta 60
Un tueur en série entre quatre murs 61

Chapitre 3. – Sex, drugs and rock'n'roll 65
Article D 249-2 alinéa 5 du code de procédure pénale 65
La valse des robes longues et des faux-semblants 67
Pour vivre heureux, vivre caché ? 71
Les mots qui blessent et laissent des traces 73
Delta 9 THC 74
Bédo, brown sugar, Mona Lisa, CC : dis-moi comment tu te drogues, je te dirai qui tu es 75
Mission impossible pour le chat ? 77
Ma petite entreprise ne connaît pas la crise 80
De l'IGS à l'ISP 82

Chapitre 4. – La prison des fous 87
Une odeur de vieux métal rouillé et humide 88
Les délires psychotiques de Rachid 89
Docteur Jekyll ou Mister Hyde ? 92
Mon corps, mon ultime liberté 95
Mort à Dieu 98
Les criminels sous emprise 104
Comment voler au-dessus d'un nid de coucous sans se crasher ? 106
Quel avenir pour la « prison des fous » ? 108

Chapitre 5. – Septembres noirs 111

PREMIÈRE PARTIE
Maison centrale de Clairvaux, 21-22 septembre 1971

La prise d'otages 112
Donner l'assaut pour sauver les otages ? 115
Suicide by cop 116

DEUXIÈME PARTIE
Maison centrale de Moulins, 8-9 septembre 1992

L'alternative du bouton rouge 120
« Nous étions comme des zombies » 126
Chasse à l'homme 127
Dans la cage aux fauves 128
Négocier et marchander le prix d'une vie humaine 131
Top action 132
La somme de toutes les agressivités 134
Le leader et la foule : tel est pris qui croyait prendre 136
Des hommes et des remparts 137
Vers une analyse systémique des mutineries carcérales ? 139

TROISIÈME PARTIE
Maison centrale de Clairvaux, 11 septembre 1992

Un éternel recommencement 143
L'ordinateur et le « cheval de Troyes » 143
La jonction des deux équipes 145
Le coût de la liberté 147
Épilogue 149

Chapitre 6. – Difficile réinsertion ? 151
Les hors-la-loi sortent toujours les nuits de pleine lune 152
Gangs 154
Les arrière-petits-enfants de Thrasher 155

De la Playstation au lance-roquettes 157
Les enfants d'Adam Smith habitent dans les « quartiers » 158
Les collectionneurs d'enfants 160

Chapitre 7. – La prison et l'islam radical 163
تكفير والهجرة *– Takfir wal hijra : anathème et exil* 164
Les Corso-Marseillais se rebiffent 166
La guerre des mondes n'aura pas lieu 167

Chapitre 8. – Hamid et ses otages 169
« Je préfère être le loup plutôt que l'agneau » ... 169
Les agneaux étaient au nombre de quatre 171
Les mots sont mes armes 173
L'arroseur arrosé 176
Où sont passés les snipers ? 180
Approche systémique d'une prise d'otage en milieu carcéral 184
Entre « rétex » et débriefing 188

Chapitre 9. – Les nains qui se prennent pour des tours Eiffel 191
Les chênes et les roseaux 191
Les tontons flingueurs sont passés de l'alcool à la poudre 194
Encore un septembre noir ? 196
Un petit jogging automnal 199
L'accessoire et l'essentiel 205
De la culture de la non-action à la culture de la gestion de crise 207
L'importance des mots et l'éthique des regards 208

Chapitre 10. – « Elle » 211
Mektoub 211
Les maîtres du sablier 216
Les suicides en prison 218
Les « gens d'armes » 221

Conclusion. – Et l'avenir ? 229
La prison vue de l'intérieur par les journalistes ... 231
« Demander tout, puis son contraire » 232
La prison : un des derniers remparts
des valeurs républicaines ? 237

Photocomposition Nord Compo
Villeneuve-d'Ascq

Pour l'éditeur, le principe est d'utiliser des papiers composés de fibres naturelles, renouvelables, recyclables et fabriquées à partir de bois issus de forêts qui adoptent un système d'aménagement durable.
En outre, l'éditeur attend de ses fournisseurs de papier qu'ils s'inscrivent dans une démarche de certification environnementale reconnue.

CET OUVRAGE
A ÉTÉ ACHEVÉ D'IMPRIMER
SUR ROTO-PAGE
PAR L'IMPRIMERIE FLOCH
À MAYENNE EN SEPTEMBRE 2010

Dépôt légal : septembre 2010
N° d'imprimeur : 77470.
36-57-0717-3/01
Imprimé en France